版权声明

From Children's Interests to Children's Thinking: Using a Cycle of Inquiry to Plan Curriculum. Copyright © 2020 by the National Association for the Education of Young Children. All rights reserved.

Photo Credits

Copyright © Jane Broderick:13, 14, 16, 20, 21, 31, 111
Copyright © Jane Broderick and Su Lorencen:167
Copyright © Seong Bock Hong: 86
Copyright © Megan Felker: 45（儿童的美术作品）
Copyright © Su Lorencen: 12, 34, 35, 37, 44, 47, 48,49, 50, 59, 70, 91, 124, 125, 127
Copyright © Deb Oglesby: 173
Copyright © Christina Raffoul and Freda Shatara: 72, 73, 74, 75, 77, 78, 79, 93, 171
Copyright © Angela Venier: 113

保留所有权利。非经中国轻工业出版社"万千教育"书面授权，任何人不得以任何方式（包括但不限于电子、机械、手工或其他尚未被发明或应用的技术手段）复印、拍照、扫描、录音、朗读、存储、发表本书中任何部分或本书全部内容。中国轻工业出版社"万千教育"未授权任何机构提供源自本书内容的电子文件阅览、收听或下载服务。如有此类非法行为，查实必究。

From Children's Interests to Children's Thinking
Using a Cycle of Inquiry to Plan Curriculum

从儿童的兴趣到思维

运用探究循环规划幼儿园课程

[美] 简·廷格尔·布罗德里克（Jane Tingle Broderick） 著
成博洪（Seong Bock Hong）

叶小红 译

中国轻工业出版社

图书在版编目(CIP)数据

从儿童的兴趣到思维：运用探究循环规划幼儿园课程/(美)简·廷格尔·布罗德里克，(美)成博洪著；叶小红译. —北京：中国轻工业出版社，2022.5（2025.5重印）

ISBN 978-7-5184-3756-6

Ⅰ. ①从… Ⅱ. ①简… ②成… ③叶… Ⅲ. ①儿童教育-早期教育-研究 Ⅳ. ①G61

中国版本图书馆CIP数据核字(2021)第261118号

责任编辑：张天怡　　　责任终审：张乃柬
策划编辑：高　君　　　责任校对：刘志颖　　　责任监印：吴维斌

出版发行：中国轻工业出版社（北京鲁谷东街5号，邮编：100040）
印　　刷：三河市双升印务有限公司
经　　销：各地新华书店
版　　次：2025年5月第1版第6次印刷
开　　本：787×1092　1/16　印张：13.75
字　　数：150千字
书　　号：ISBN 978-7-5184-3756-6　　定价：68.00元
读者热线：010-65181109
发行电话：010-85119832　　010-85119912
网　　址：http://www.chlip.com.cn　　http://www.wqedu.com
电子信箱：1012305542@qq.com
版权所有　侵权必究
如发现图书残缺请拨打读者热线联系调换
250705Y1C106ZYW

中文版推荐序
幼儿教师是课程的研究者

自21世纪初,"生成性课程"的概念就被引进了国内学术界。随着我国幼儿园课程改革的不断深化,人们越来越关注幼儿园教育如何落实"以游戏为基本活动"这一理念。为此,我国幼儿教育界的许多有识之士积极开展了各种不同模式的理论研究和实践探索,并且逐渐认识到,落实这一理念的实质就是如何处理好幼儿园游戏与课程之间的关系。各流派尽管都有自己的话语体系和概念界定,但是仍面临许多共同的问题,例如:如何科学地解释幼儿园游戏和课程?如何恰当地发挥教师在幼儿教育过程中的主导作用?如何应对幼儿园游戏和课程中的不确定性?如何理解幼儿游戏行为的外在表现与内在表征之间的关系?如何使幼儿在游戏的持续推进过程中得到应有的学习效果和发展价值?"生成性课程"的研究者们也曾面临这些问题,并积累了较为系统的理论和有效的操作方法,为我们提供了"他山之石"。这正是叶小红研究员的这本新译著的价值所在:我们拿来"可以攻玉"。

本书作者明确地指出,"生成性课程是指基于教师对儿童兴趣和思维的仔细观察而生成的不断循环的学习机会。我们采用'生成性探究课程'这一术语来描述这类重视教师思考(即教师研究儿童游戏与探索的意义),并根据对儿童兴趣和问题的探究而规划下一步学习内容的课程"。生成性探究课程是一个从观察到解释,再到提出问题,最终形成可以实施的、具有挑战性的课程计划的多次循环的过程。本书既是关于生成性探究课程理论的系统阐述,又是对如何实施"探究循环"系统(Cycle of Inquiry,简称COI)的详细说明,具有很强的可操作性。本书围绕着这一主题所展开的观点论证、案例分析和方法说明,对我们既是启迪,也是挑战。我想,每一位读者都会有自己的体会和认识。

诚如作者所言,当你遵循COI的整个规划过程去开发课程时,"你就像一名研究者——与儿童一起研究和研究儿童""教师的思考对课程决策有着巨大影响"。在这里,我重点谈一下教师作为"生成性探究课程"的研究者应该着重注意的事项,与大家切磋。

第一,生成性探究课程的研究者要有开放的意识。无论是教育理论还是教育实践,都是一个开放的系统。关于游戏和课程的概念以及二者之间关系的知识是不断变化的。一名研究课程的幼儿教师,要不断地解构束缚实践的陈旧概念,建构适应实践发展的新理念;既要善于化理论为方法,又要善于化实践为理论。只有观念产生了、逻辑疏通了、实践有效了,才是活知识。具有开放意识的教师还能有效地克服片面性、极端化,防止在游戏和课程的双核中陶醉于钟摆式的生存方式,善于从各种不同的理论中汲取信息和能量,保持理论的积极性和新鲜度。

第二,要坦然地面对不确定性。一切开放的系统都具有不确定性,科学研究同样具有不确定性。可以说,科学的不确定性正是科学繁荣的基础。生成性探究课程充满着不确定性,甚至具有一定的风险。"我们希望教师把自己的作用理解为发现儿童正在探索的主题,而不是把自己的工作看作按一个主题来上课。"[1] "教师无法事先确定课程的最终走向。"因此,作为课程的研究者,幼儿教师应该接受不确定性带来的激励和挑战。"对课程的不确定性有很高的容忍度以及富有强烈冒险意识的教师将会发现,COI取向的课程是激动人心的、富有创造性的和令人满意的。"此外,从儿童学习的角度看,在一个生成性探究活动中,儿童可以达到不同学习领域的多层次目标。这一目标的实现程度也不是教师可以事先确定和规范的。有了这样的心态,我们才有可能跟随本书作者"珍视与儿童一起学习的机会,享受教师即研究者的角色"。

第三,学会透过现象看本质。生成性探究课程要求教师不仅高度重视对儿童游戏的观察,还特别强调要关注儿童在游戏中的思维,要求"教师应该多想想'为什么',而不是'是什么'……应该从'他们为什么要这样做',而不是'他们正在做什么'的角度思考儿童的工作",要留意"儿童是如何看待事物、人和经历的,并记住他们是怎样解释和理解周围的世界的"。这是对教师的观察能力和观察目的的极大挑战,因为这需要教师"努力地引导你的成人心灵去探访孩子的心理世界"。只有达到了这一境界,教师才能"思考儿童提出的哪些问题可以作为下一步课程或下一步探究的来源",使儿童的游戏更加聚焦于智力活动。这里有必要指出,幼儿教师对儿童游戏的观察,不同于心理学研究中的观察法。心理学的观察法注重对无关因子的控制,以便凸显实验因子的存在和作用。幼儿教师对儿童游戏的观察则是综合的、多维的、不断变化的,而且观察者自身要具有

---

[1] 琼斯,尼英. 生成课程 [M]. 周欣,等译. 上海:华东师范大学出版社,2004.

游戏精神。尽管我们不可能直接观察到儿童在游戏中的思维，但教师要透过儿童的游戏行为探究儿童的兴趣、需要，分析出儿童在想什么以及怎么想的，进而找到最有效地拓展儿童思维的行为。解释儿童在游戏中的思维，是大多数幼儿教师难以做到的事情，但这又是生成性探究课程开发的关键，需要我们不懈地努力。当然，这不可能通过一次观察和分析就奏效，必须运用"探究循环"，逐步逼近儿童的真实思维。

　　第四，坚持方法为目的服务。生成性课程的理论明确地告诉我们，"生成性课程极其重视游戏的价值，将之视为课程的发生器"[1]。这里所说的课程，其目标是过程取向的，实施过程是教师和幼儿共同创生的，由儿童游戏生成的课程依然是拓展到新领域的游戏。因此，大家对生成性探究课程最关注的问题是：生成性课程是如何"生成"的？本书为广大读者提供了 COI 系统（包括观察记录表、思维解释表、课程行动计划表、探究激发方案设计表、反思性评价表和与之对应的检核表），体现了一套完整的操作层面的方法论。"COI 系统是一个有助于你规划生成性探究课程的结构""是一种用于课程规划的行动研究方法"。这套表格有助于教师明白自己在观察什么，并从观察记录中找到拓展儿童思维的有效途径，然后拿捏支持探索活动得以持续进行的度，进而设计出与儿童行为目的相一致的课程。这套表格也有助于教师实现既要紧紧追随儿童的想法、需要和兴趣，又要满足儿童成长和工作需要的课程目标。其中，"COI 反思性评价表将引导你通过结构化反思进行元反思，帮助你成为一名更称职的教师"。毫无疑问，这对初步涉及生成性探究课程的教师来说是非常宝贵的和完全必要的。不过，我们也要知道，无论做什么事，"内容重于形式，方法服务于目的"是一条普遍的原则。COI 系列表格不是测量工具（即量表），也不是干扰儿童游戏的借口，更不是教师业绩的形式化，而是为初学者准备的登山杖，帮助你登上生成性课程的高山。我想，等到大家熟练以后，应该可以灵活地运用它们。

　　作为幼儿教育课程的研究者，幼儿教师从本书中汲取到的营养，肯定远远不止以上 4 点。但是，获得了以上 4 点认识，说明你领悟了生成性探究课程的精神实质，在自己的教育实践中一定会取得新的成就。

　　"生成性课程的相关理论为我们推行游戏课程化奠定了扎实的理论基础，提供了丰富的实践经验，增强了游戏课程化的理论信心。"[2] 因此，我们将生成性课程

---

[1] 史黛丝. 早期教育中的生成课程：从理论到实践［M］. 叶小红，译. 南京：南京师范大学出版社，2018.
[2] 王振宇. 从活教育到活游戏［M］. 上海：上海交通大学出版社，2021.

看作游戏课程化得以嫁接的砧木,从中得到如何发现学习的生长点和如何形成游戏链的启迪。其实,只要你的认知结构具有一定的开放性,无论你在哪种理念的指导下进行幼儿园游戏与课程的探索,都能得到启发。

华东师范大学博士生导师　王振宇教授
2022 年 1 月

译者序
探究循环：探索基于证据的课程创生之路

人们常常把生成性课程比作"没有剧本的即兴表演"，因为没有预先编写的"剧本"约束，所以教师可以根据学习情境中儿童的真实反应灵活地调整课程发展的走向。这种课程创生方式的好处在于，不需要削足适履地将儿童囿于预先设定的学习内容和节奏，课程规划与实施的过程就是在为他们定制"合脚的鞋子"，也就是在磨合儿童与课程的关系。不过，生成取向课程其灵活而开放的性质，也不可避免地会给教师带来压力。一方面，生成性课程内容的无边界和无框架会给教师的课程规划带来选择的困难；另一方面，课程实施中出现的意外情况也经常让教师因准备不足而不知如何回应，甚至觉得以自己有限的知识储备难以跟上儿童探究的广度和深度。

的确，儿童在与周围世界互动时所产生的兴趣总是五花八门、瞬息万变的，这就需要教师对追随"谁"的兴趣、支持"哪方面"的兴趣以及以"什么方式"支持等问题做出判断和选择。另外，当儿童探究的兴趣消退或转移时，教师同样需要做出决策：是应该让正在进行的课程结束，还是应该对课程进行调整，抑或是通过生成新的课程来呼应儿童新的兴趣。如果教师不对这些问题进行思考，并找到有效的解决之道，他们就会因无法掌控课程的方向、进度和效果而变得越来越焦虑，也会对自己所开发的课程不自信。

本书似乎就是为了回应教师们的这些问题而著的。两位作者——美国东田纳西州立大学的简·廷格尔·布罗德里克（Jane Tingle Broderick）教授和美国密歇根大学迪尔伯恩分校的成博洪（Seong Bock Hong）教授——都曾师承乔治·福曼（George Forman）教授，擅长从儿童的日常行为中分析他们的思维。她们长期关注教室里发生的生成性课程，在指导教师观察、解释儿童行为的过程中发现，"如何基于对幼儿思维的解释拓展他们的学习"是教师实施生成性课程时遇到的瓶颈。为此，她们开发了一套观察工具，帮助教师基于对儿童思维的思考而形成整体课程方案。2020年，全美幼儿教育协会将本书作为重点图书推荐给幼教工作者,这从一个侧面反映了本书的学术价值。

我国的幼儿园生成性课程实践中同样存在着教师的课程决策盲目性的问题,甚至教师被儿童牵着鼻子走的现象。教师不清楚在课程发展中自己应该如何思考和做决策,应该做什么、怎么做,因而难以真正发挥课程领导力。教师在课程生成中的不作为和乱作为,都会影响生成性课程的质量和儿童发展的可能性。

在一次面向业务园长的生成性课程工作坊中,我请学员们以隐喻的方式表达对生成性课程的理解,没想到学员们竟然不约而同地选择了"盲盒""藤蔓"甚至"胎儿"等词语。我们从这些隐喻中不难发现,教师们并未完全理解生成性课程,故而将其神秘化。有些教师自认为无法掌控生成性课程的发展过程和结果,所以就推卸自己在课程发展中的责任。由此可见,教师对生成性课程的理解,会影响他们如何看待自己在课程发展中的作用,影响他们在课程创生中关注什么和做什么,进而直接影响儿童学习的机会和质量。本书作者认为,生成性课程是一种课程创生的方式,更是关于如何促进儿童学习的行动研究。因此,课程生成需要经历"从观察到解释再到提出问题,最终形成并实施一个探究激发方案"的多次循环。这一理念在一定意义上如同一座灯塔,为苦苦探寻的教师们解决生成性课程实践中的问题指明了方向。另外,本书提出的"从儿童的兴趣到思维"这一主张,则体现了生成性课程研究视角的转向,即从重物、重知识转向关注作为学习主体的儿童思维的发展。

一、运用"探究循环"应对生成性课程的不确定性

众所周知,"不确定性"是生成性课程的主要特点。所谓"不确定性"是指事先不能准确地知道某个事件或某种决策的结果,或者说,只要事件或决策的可能结果不止一种,就会产生不确定性。儿童在探究过程中的兴趣、经验、想法、问题是多样且不断变化的,与此相应,生成性课程中教师的不同选择就会导致不同的课程发展轨迹,并带给儿童不同的学习机会。生成性课程的不确定性给儿童的学习带来无限的可能性,但同时也给教师的工作带来不小的压力。那么,教师该如何面对课程发展的不确定性呢?教师该如何从众多的可能性中找到自己课程决策的依据和确定性呢?

时下,幼儿园流行用课程故事来呈现课程的发生,这让很多教师看到了课程创生的可能性。然而,这些课程故事大多展现的是课程的活动经过,很少呈现教师的支持及提供这些支持时的思考依据。这就容易让人产生一种错觉:课程的创

生似乎无规律可循，生成性课程是富有创造力的教师妙手偶得的产物。于是，那些认为生成性课程要优于照搬教材，而自己又不知道如何创生课程的教师，就会参照课程故事所描述的活动过程复制课程。这样的做法看似讨巧，也减轻或避免了教师应对不确定性的压力，但在根本上违背了课程生成的初衷，且依然还是成人导向的。

本书作者认为，面对生成性课程的不确定性，教师不应无视或忽视儿童的兴趣，抱着"船到桥头自然直"的心态不作为，也不能只把儿童的兴趣当作学习的诱饵，根据自己的逻辑和教育意图进行主题式课程设计。相反，教师要反复揣摩和理解儿童的行为逻辑，基于观察到的行为证据判断儿童思维的发生和发展变化，主动把握课程发展方向。从这个角度看，作者提出的"探究循环"是一套帮助教师进行课程开发的实用工具，让课程设计基于儿童思维的证据且追随儿童不断变化的想法。同时，它更是一个方法论，指导教师学会从不确定性中找到确定性，以克服课程生成的随意性、盲目性和成人本位。

1. 基于观察证据的课程决策，避免课程设计的随意性

COI系统是一个高结构化的课程开发流程，包括观察记录、解释思维、制订课程行动计划、形成探究激发方案、实施探究激发方案和进行反思性评价，这环环相扣的六个步骤抓住了生成性课程开发的关键环节。作者设计了与这些流程相对应的五种COI表格（观察记录表、思维解释表、课程行动计划表、探究激发方案表、反思性评价表），每种表格都涉及与生成性课程开发相关的核心能力，提醒教师在课程规划和实施中要思考什么和做什么，从而避免教师课程决策的随意性和盲目性，使生成性课程的质量得到基本保证。在课程开发中，教师在填写每种表格时都要不断地回溯儿童行为观察记录表，以确保做出的每项决策和设计的每份课程方案都有据可依。与COI表格所对应的检核表，则引导教师不断地检核自己的思考与儿童的思维之间的关系，以便及时评估和反思每一步工作的质量。

2. 运用阐释循环读懂儿童，避免课程设计的教师本位

COI系统中的课程方案是教师对儿童正在思考什么的回应，也是教师对"如何才能推动儿童的思维发展"所做的假设，而非教师纯粹主观的创造设计。因而，读懂儿童既是生成性课程的起点，又关乎课程方案的适宜性。那么，如何"读懂儿童"？怎样才算真正"读懂儿童"？阐释学认为，任何"理解"都是有

限度的。这就意味着教师不可能完全推测出儿童头脑中的想法，任何解释都只是在尽可能地接近儿童的想法，即达到教师和儿童想法的视域融合。然而，由于我们对事物的阐释是以我们"先有""先见""先理解"的东西为基础的，这种意识上的"先结构"使我们的理解和解释总带着我们自身的历史环境所决定的成分，因此会不可避免地形成阐释的循环。也就是说，读懂儿童、理解儿童的想法和意图是一件很困难的事，也许要经历多次的阐释循环才能接近真实。生成性课程的"探究循环"促使教师通过持续性观察尽可能地理解儿童并看见他们的学习，进而设计出最贴近当前儿童思维的课程方案，使教师的"教"有意义。本书将这种基于不断对儿童行为和思维的深入理解，进而持续地提供和调整环境、材料及提问的做法称为"激发方案"[1]。可以说，一份理想的探究激发方案是"探究循环"的产物，体现了教师为读懂、理解和支持儿童而做出的探索，也体现了教师为应对不确定性而做出的努力。

二、梳理"探究问题"，形成生成性课程的框架与边界

知识是课程规划中必须要关注的问题。知识是如何发生的？什么样的知识最有价值？儿童如何才能最有效地获得知识？对这些问题的不同回答体现了课程规划者所持的知识观和学习观，也直接影响课程规划和实施中教师会以什么样的方式组织学习内容。

以建构主义理论为指导的生成性课程，强调学习是儿童主动建构知识的过程；通过解决真实生活和游戏情境中遇到的问题，儿童发现和创造了自己的知识。因而，生成性课程摒弃了以结构化的学科知识作为课程内容的做法，而是将学习视为儿童对感兴趣的事物和现象的探究之旅，把解决问题的过程作为主动建构知识的过程。由于儿童在探究过程中遇到的问题，以及这些问题的解决可能会涉及哪些主题、经验、技能和知识都是无法事先设定的，因此教师不必也不可能事先为儿童划定知识的范围和学习的先后顺序，这就给人造成一种生成性课程"无边界"的误解。需要指出的是，生成性课程中"知识的边界"具有相对性

---

[1] provocation，在《牛津高阶英汉双语词典》中有四种解释：挑衅，激怒，挑拨，激发。在本书中，provocation 作为一个重要专业术语，是指在生成性探究课程中，教师通过提供吸引儿童探究的材料并运用启发性的方式加以布置，以及设计对儿童的思维有挑战性的问题和指导语等来激发儿童探究。因此，考虑到本书作者的表达意图，译者选择了"激发"这一解释。不过，由于在生成性探究课程中教师的激发是有具体内容和措施的，因此为了行文的简洁，译者最终将其译为"激发探究的方案""探究激发方案""激发方案"，并在个别地方根据上下文需要将其翻译为"激发物""激发性环境"。

和模糊性。一方面，一般意义上，只要是儿童感兴趣的、与儿童解决真实问题有关的、能与儿童已有经验建立联系的、儿童在行动中能够理解的知识都是有价值的，都可以成为生成性课程的内容来源，因此课程所涉及的知识范围是没有边界的；另一方面，儿童在某次或某项具体的探究活动中遇到的问题若是具体的，那么问题解决所涉及的知识和技能也将是相对明确或有边界的。对教师来说，我们需要从问题解决、儿童理解能力和课程标准出发，框定知识学习的范围和课程内容的边界，并在儿童和知识之间搭建桥梁。

本书中，作者认为"探究问题"是推动课程发展的动力，并提出"儿童探究世界，教师探究儿童"的观点。这就是说，在课程创生过程中儿童和教师都是研究者，儿童研究的是关于世界如何运作的问题，教师研究的是儿童如何学习和思考，以及怎样才能有效扩展儿童的思维等问题。在我国的安吉游戏中，也提出了"儿童发现世界，教师发现儿童"的教育理念。显然，两者对"什么是推动课程发展的动力"具有一致的认识，都认为教师和儿童作为学习共同体在课程发展中相互影响，教师要根据儿童探究的问题和"学"的兴趣来设计课程方案与"教"的策略，教师的支持给儿童创造了新的学习机会，也拓宽了儿童的学习空间。因此，教师只要能够摸清儿童真正关注和感兴趣的问题，就能找到课程内容的边界；只要能够认识到这些问题之间的内在关系，自然就能搭建起课程的框架。

1. 创设激发儿童探究的环境，厘清学习的边界

既然学习是儿童主动建构知识的活动，那么激发儿童主动参与是生成性课程实施的关键。美国建构主义心理学家德弗里斯（DeVries）认为，探究会使儿童在学习过程中变得更主动，因此教师如果要吸引儿童参与探究活动，就要发现并激发儿童的兴趣，激活儿童的前期知识和经验，并利用他们与生俱来的好奇心（DeVries & Kohlberg, 1987/1990）。[1] 主动参与，这要求儿童在学习过程中保持"心、脑、手"三者合一。"心"是指情感的参与，兴趣是点燃心智活动的燃料，教师唯有调动儿童的兴趣才能激发其学习的内驱力；"脑"是指思维的参与，美国教育家杜威认为，儿童的学习过程与科学家的研究过程一样，都要经历发现问题、提出假设、调查验证、形成结论的过程，而这个过程离不开思维的参与，

---

[1] 转引自：康塞尔，等. 与幼儿一起学习STEM：用斜坡和轨道开展探究性教学［M］. 徐晶晶，译. 南京：南京师范大学出版社，2019.

反过来儿童的思维也是在参与具体的探究活动中得到发展和深化的;"手"是指儿童通过动作的参与,在与材料的互动中发现问题和解决问题。因此,一个能吸引和激发儿童主动参与的班级环境是探究性学习发生的前提条件。教师要研究环境和材料能否激发儿童探究的兴趣,能否挑战儿童去发现问题,能否支持儿童验证和实验自己的假设。当发现儿童探究的兴趣减退时,教师可以通过添加不同功能的材料,对材料进行组合,或建议儿童换一种操作材料等,再次激发他们的兴趣。一旦儿童有机会获得有趣的、开放性的材料,充足的活动时间和空间,且教室里的心理氛围鼓励探究,他们就能源源不断地发现问题并寻求解决的方法。

当然,尽管探究活动源于儿童自发游戏时遇到的问题,但是教师仍然可以通过仔细提炼与游戏有关的问题去鼓励儿童探究。在本书所介绍的几个生成性探究课程案例中,探究的问题就是教师在观察并推测了儿童行为的意图后帮助儿童提炼的,比如,"抓斗是怎样抓垃圾的?""乐器发出的声音为什么不同?""在操场上的什么地方才能找到蠕虫呢?"由于儿童的好奇心受限于他们的经验,因此,教师也可以通过向儿童介绍能激发其好奇心的现象来引发儿童的思考。

总之,只有创设能激发儿童兴趣的环境,并根据儿童活动中展现出来的兴趣和问题及时调整环境,教师才能真正发现支持儿童探究的问题,逐渐找到课程的边界。

2. 搭建课程框架,提供适宜的学习机会

当观察到儿童的自发游戏中浮现出问题和探究的线索时,教师就需要对这些问题进行梳理,分析并识别这些问题所蕴含的学习价值。作者认为,"探究线索就是情境,它可以激发儿童掌握解决问题所需的技能并挑战自己所持的理论",因而探究的线索也就是学习的路径,是在有教育意识的教师的谨慎引导下儿童所经历的学习。"大概念"(Big Idea)则是一个以内容为中心的概念,它体现了儿童的兴趣与学习的切面。"大概念"可以使多条探究线索建立某种逻辑,从而形成生成性课程的框架。清晰地表达正在浮现的探究线索并与"大概念"建立联系,是教师的一项非常重要的专业能力。教师围绕探究线索制订计划,可以帮助儿童找到问题的答案,也能让课程内容相对聚焦。

要找到能将课程内容整合起来的"大概念"和探究线索,离不开教师的细致观察、敏感倾听以及对儿童行为意图的反复揣摩,让儿童的问题、想法、观点和理论充分地表达出来。在班级会议上,通过介绍和示范新材料的用法,教师能够激发和挑战儿童用新材料进行试验或用新的方式与材料互动,进而引发他们发现

或提出新的问题。教师围绕儿童探究中发现的新问题设计新的探究活动，就能使儿童探究的范围和深度发生变化。此外，同伴也是促进儿童学习的重要力量。在班级会议中，教师运用"课程档案"（documentation[1]）帮助儿童重温共同的学习经历，从而引发他们围绕自己感兴趣的具体问题展开对话和反思。这样，既使儿童昨天、今天和后续的学习经验之间建立起有意义的联系，又让儿童与同伴分享了信息和问题，并围绕共同感兴趣的问题进行持续性共享思维，在相互挑战和彼此启发中使思维和学习得以深化。从课程建构的角度看，以班级会议的方式组织同伴对话，有助于个别儿童、小组儿童和全班儿童进行问题聚焦，从而帮助教师进一步确定课程内容的边界，并为个别儿童、小组儿童和全班儿童提供符合他们需求的课程方案，为不同对象提供不同的学习机会以促进其个性化发展。

建构主义强调知识的个人建构，认为"学习是新知识和已有经验持续整合的过程，并以此加深、拓宽我们对自我、周围世界的理解"。这就要求教师在规划课程时必须理解每个儿童的经验、关注点和需求，理解儿童所知道的、需要知道的和通过学习所习得的内容，从而为每个儿童提供个性化的学习方案。同时，建构主义也强调知识的社会建构，成人和同伴都能促进儿童的知识建构。从这个意义上说，教师不必因自己的知识储备不足不能回应儿童提出的问题而感到焦虑，只要保持开放的心态和真正的好奇心，就能在与儿童共同解决问题的过程中共同建构知识。

3. 运用课程档案，做出明智的决策

在生成性探究过程中，儿童的兴趣、问题和理论是不断变化的。这要求教师在课程发展过程中基于儿童的学习和思考来设计课程的下一步，此时用于记录儿童的学习过程和教师思考过程的课程档案就显得尤为重要。COI系统要求教师运用课程"档案展板"（documentation panel）来呈现儿童的学习过程并对儿童的学习进行过程性评价。在生成性课程的发展中，课程档案展板的价值是多元的，它既是儿童讨论和重温学习的载体，又是教师与家长、管理者和其他利益相关者进行沟通，证明课程质量和儿童发展是否达成相关课程与学习标准的依据。

对教师而言，课程档案是他们研究教与学的媒介。课程档案的制作过程就是教师持续地研究儿童的学习，并反思和评价自己的支持是否有效的过程。教师会

---

[1] 在教育中，该词最早由瑞吉欧教育者引入课程领域。所谓课程档案，是指教师运用多种方式对学习经历进行记录，以反映儿童的学习活动过程、结果，以及教师在课程发展中的一些思考和评论，如观察笔记、作品、照片、视频、音频资料等。

收集关于儿童在思考什么及如何思考的证据，通过设计激发探究的课程方案促进儿童进行深度思考，并将各个领域的课程整合起来。课程档案也是幼儿园开展教研的重要资料。幼儿园教师团队的集体对话和研讨有助于教师做出明智的决定，使教师明确下一步的支持策略。比如，教师可以通过提问，了解儿童当前的理解情况；引导儿童关注自己忽略的现象或材料；通过发表评论，启发儿童从新的角度思考问题；提供建议，鼓励儿童自己解决问题，等等。课程档案是一个有力的工具，有助于教师运用问题和挑战策略介入儿童的学习，并对这些干预手段的适宜性做出解释和反思。

本书作者试图以一种对话的方式引导幼儿教育研究者、管理人员和一线幼儿教师，以一种新的视角看待生成性课程中的问题，重新认识生成性课程发展中教师的支持与儿童的探究之间的关系，发挥课程档案在研究和评价课程中的作用以提高课程的适宜性。对于如何运用探究循环规划课程，作者结合了"垃圾焚化炉项目""蓝草音乐探究项目"等具体的生成性探究课程案例进行阐述。这些案例贯穿本书，避免了有些理论书籍在介绍方法时存在的过于空洞、抽象和笼统的弊病。

杨绛先生把读书比作"隐身"地串门，她说："要参见钦佩的老师或拜谒有名的学者，不必事前打招呼求见，也不怕搅扰主人，翻开书面就闯进大门，翻过几页就登堂入室，而且可以经常去，时刻去，如果不得要领，还可以不辞而别，或另请高明，和它对质。"在阅读过程中，读者要结合自己的经验进行理解和代入式思考，反思、发现自己在实践中可能忽略的问题和环节；同时，也要在工作中尝试将本书提出的"探究循环"方法应用于自己的实践，通过"做中学"加深理解和领悟。相信通过阅读本书，读者能够转变和更新观念，并将其作为工具，不断地缩小甚至消弭理想的生成性课程与我们真正实施的生成性课程之间的落差。

翻译专业书籍是一件吃力不讨好的事情，但又是一个能拓宽个人专业视野的好机会。我非常庆幸，在个人的学术生涯中有两次与生成性课程结缘的机会。2018 年，我受南京师范大学出版社万斌主任的委托，承担了《早期教育中的生成课程：从理论到实践》一书的翻译工作。2020 年，我受中国轻工业出版社万千教育编辑部高君女士的邀约，承担了本书的翻译工作，这让我又有机会跨越时空与国外学者进行专业对话，这种感觉极其幸福美妙！在翻译本书的过程中，我特别感谢华东师范大学的周欣教授给予我的专业指导，感谢江苏省教育科学研究院英语教研员李娜老师与南京理工大学外国语学院刘锐老师在专业术语和英文理解上提供的帮助。尽管本人努力地让自己在理解上与作者达到"视域融合",但疏漏和瑕疵依然无法避免,在此恳请同行专家批评指正!

叶小红

2021 年 12 月于南京

前　言

研究生学习期间，我们曾在美国马萨诸塞大学阿默斯特分校的一所早期教育实验学校担任助教。该校深受意大利瑞吉欧·艾米莉亚教育理念的影响，是美国最早践行瑞吉欧教育方法的学校之一。我们学习了瑞吉欧教育系统以课程档案为框架进行课程开发的做法，并尝试将这一做法运用到职前教师的培训中。2001—2003年，这所实验学校先后举办了三次有关课程档案的研讨会。在瑞吉欧教育方法的启发下，第一次研讨会之后，我们开始着手设计"探究循环"表格，亦即本书将要探讨的内容。在每次的研讨会上，我们都聚焦于通过一段视频对儿童的思维和游戏的意义进行解释。在第一次研讨会上，主持人首先介绍了使用视频进行记录的目的，之后与会者分组学习解释儿童游戏的方法。作为分组会议的推动者，我们意识到参加本次研讨会的教师都有一种普遍的想法，他们认为瑞吉欧理念下的课程是以儿童的兴趣为中心的长期项目活动。在这些分组会议上，教师们深入地挖掘了儿童的思维，并对儿童的思维有了深刻的了解。然而，教师们依然对"如何基于对幼儿思维的解释拓展他们的学习"深感困惑。我们知道，他们需要一个工具来指导他们根据视频记录或者总体的观察记录来开发课程。于是，我们设计了COI表格，并把它们带到2002年举办的第二次研讨会上。这些表格来源于我们在早期教育实验学校的课程规划经验，该校的校长、助教和实习教师组成了一个教学团队，运用表格记录他们的思考、对于所观察到的儿童游戏意义的解释、用于指导儿童下一步行动的问题以及基于对儿童思维的思考而形成的整体课程计划。

参加研讨会的教师都很喜欢这套COI表格，因为它们具有强大的组织功能，能够引导教师思考如何从观察到解释再到提出问题，最终形成并实施一个探究激发方案。在那次研讨会上，COI表格得到了运用，并受到了广泛好评。我们意识到，对广大受瑞吉欧教育理念启发想要与儿童一起探究的教育工作者而言，这套工具非常有用。自2003年以来，我们一直在美国东田纳西州立大学和美国密歇根大学迪尔伯恩分校的教师教育课程中使用 COI 系统，也利用它来促进早期教育机构中教师的专业发展。其间，不断地有教师前来咨询我们。他们一直在密切地观察儿童，可是仍然很难开发出一个长期的项目活动。安伯·福斯特是我们合作过的一位幼儿教师兼教研员，在谈到 COI 系统给她的工作带来的影响时，她这样说：

"COI 系统的使用过程打开了我的思路，让我认识到，教师可以将项目工作的某一方面开展得很深入。在此之前，我只会一开始为 4—5 岁幼儿创设一个激发探究的环境，然后就顺其自然了。然而，在开始使用 COI 系统后，我会很仔细地观察幼儿，想知道如何扩展他们的项目工作。我一直与幼儿一起探究，围绕他们的兴趣点向他们提问。比如，在观察到幼儿对教室里的宠物——树蛙很好奇后，我组织了一次讨论。我跟他们分享了树蛙的照片，并询问他们发现了什么。幼儿对树蛙挂在电线上并一点一点地趋近白炽灯的行为非常感兴趣，他们很想知道这个行为是怎么发生的以及为什么会发生。幼儿所持的理论是：树蛙的手是有黏性的。他们想试验一下如何让自己的手也变得有黏性。一个核心小组想到了一些材料，如胶带、胶水和尼龙搭扣等，他们把这些东西放在手上，以验证'××东西最适合让手变得有黏性'的假设。

使用 COI 系统之前，在幼儿初步试验了如何让手变得有黏性之后，我不会进一步扩展他们的学习。然而，通过运用 COI 表格，我能够记录和看到儿童活动的更多细节，并研发课程行动问题，从更多的维度探索儿童的思维，比如重量与黏性之间的关系，以及儿童对此有何理解。COI 系统的运用打开了我的眼界。我发现这些用于观察记录、解释以及提出行动问题的表格，可以帮助我们真正地拓展儿童对世界的理解与思考，并将儿童的认识带到一个全新的水平。"

本书将告诉你：如何让自己慢下来，观察那些能够展现幼儿能力和探究的游戏细节，并将其记录下来；如何根据观察结果组织课程，以推动幼儿思维的进一步发展。我们希望，这项工作能够鼓舞你与儿童、同事、家长分享它，并引发你们之间新的对话。

目　录

中文版推荐序　幼儿教师是课程的研究者　//　I

译者序　探究循环：探索基于证据的课程创生之路　//　V

前　言　//　XV

导　言　探究循环之过程　//　001
儿童作为探究者　//　001
教师作为研究者　//　003
COI 系统　//　004
如何使用本书　//　008
生成性探究课程案例　//　009
本书为谁而著　//　010

第 1 章　创设生成性探究环境　//　011
学习区　//　011
一日作息时间表　//　017
确定探究焦点，组建核心小组　//　019
进一步反思与探究　//　022

第 2 章　组织班级会议与常规活动　//　023
非正式班级会议　//　023
聚焦式班级会议　//　024

聚焦式班级会议设计指南 // 026
聚焦式班级会议案例：城堡 // 030
进一步反思与探究 // 037

第 3 章　确定探究线索、激发方案和大概念 // 039

发现探究线索 // 039
设计激发方案 // 041
编织探究线索 // 045
发现大概念 // 051
进一步反思与探究 // 056

第 4 章　有目的地观察 // 059

观察、解释儿童游戏的意义 // 059
生成性课程规划中，教师思考的重要性 // 061
观察影响教师对儿童游戏的指导 // 061
COI 观察记录表：记录什么 // 063
了解 COI 观察记录表 // 066
使用 COI 观察记录表：从垃圾焚化炉项目中获得学习 // 070
进一步反思与探究 // 083

第 5 章　解释儿童的思维 // 085

教师的解释：教师对儿童思维的思考 // 085
概念式课程设计与主题式课程设计 // 087
COI 思维解释表：记录什么 // 088
了解 COI 思维解释表 // 090
使用 COI 思维解释表：从垃圾焚化炉项目中获得学习 // 092
进一步反思与探究 // 099

第 6 章　制订课程行动计划 // 101

生成性课程规划中，发散性思维的作用 // 103
了解 COI 课程行动计划表 // 104
使用 COI 课程行动计划表：从垃圾焚化炉项目中获得学习 // 115
进一步反思与探究 // 122

第 7 章　设计与实施探究激发方案 // 123

思考儿童的对话与表征 // 124
聚焦于儿童的智力参与 // 126
了解 COI 探究激发方案设计表 // 127
使用 COI 探究激发方案设计表：黏土探究案例 // 131
使用 COI 探究激发方案设计表：从垃圾焚化炉项目中获得学习 // 135
实施探究激发方案 // 147
进一步反思与探究 // 149

第 8 章　开展反思性评价 // 151

了解 COI 反思性评价表 // 152
使用 COI 反思性评价表：从垃圾焚化炉项目中获得学习 // 157
进一步反思与探究 // 162

第 9 章　制作档案展板 // 165

制作档案展板，促进教师专业的持续发展 // 168
垃圾焚化炉项目的大型档案展板 // 170
从 COI 表上提取制作展板所需的信息 // 172
进一步反思与探究 // 175

结　语　让探究循环继续下去 // 177

附　录 // 179

附录 1　COI 观察记录表与 COI 观察记录检核表 // 180
附录 2　COI 思维解释表与 COI 思维解释检核表 // 184
附录 3　COI 课程行动计划表与 COI 课程行动计划检核表 // 186
附录 4　COI 探究激发方案设计表与 COI 探究激发方案检核表 // 188
附录 5　COI 反思性评价表与 COI 反思性评价检核表 // 191

参考文献 // 195

导　言
探究循环之过程

儿童每时每刻都在观察、试验、探索周围的世界，并形成他们对周围世界的看法。亲眼看见儿童强烈的好奇行为，并沉下心来与儿童共处当下、一起思考，这是一件很神奇的事情，它会促使你不假思索地把正在发生的事情拍摄下来，把儿童的谈话记录下来，以凸显它们的意义。当你通过这样的档案使儿童的学习变得可见时，你是否也注意到这些时刻对你自身所产生的影响？它们如何激发你支持儿童，使他们持续地提问、发现及学习？仔细观察一下，到底是什么吸引了你的关注，激发了你的好奇心？这是基于儿童的探究设计生成性课程的第一步。

很多学者认为，生成性课程是指基于教师对儿童兴趣和思维的仔细观察而生成的不断循环的学习机会（Broderick & Hong，2011；Jones，2012）。我们采用"生成性探究课程"（emergent inquiry curriculum）这一术语来描述这类重视教师思考（即教师研究儿童游戏与探索的意义），并根据对儿童兴趣和问题的探究而规划下一步学习内容的课程（Wien & Halls，2018）。本书所讨论的COI系统可以指引教师进行生成性探究课程的开发，它欣然接纳并支持儿童学习的最佳方式，帮助教师规划课程来回应儿童的好奇和疑问，认可儿童在着手探索疑问时所遇到和发现的问题，并认真对待儿童基于自己的经验而假设的问题解决方法。

儿童作为探究者

COI系统利用儿童与生俱来的好奇心以及他们对周围世界的疑问，创建了一条追随儿童兴趣的学习路径，即通常所说的探究性学习。在一项关于"怎样才能让儿童的学习最有效"的研究中，美国国家研究委员会（National Research Council，NRC，1999）发现：儿童的学习过程与科学家进行研究的过程极其相似。最近，这些学习过程已成为《美国下一代科学教育标准》（Next Generation

Science Standards，NGSS，2019）的框架。在这里，我们通过蓝草音乐（本书中介绍的一项学前儿童深度探究项目）、寻找蠕虫、搭建积木、平衡风铃等活动案例来突出这些过程。

- 提问并明确问题。
  - 当儿童探索蓝草音乐中的乐器时，他们会提问："所有的声音都是由这些乐器的琴弦发出的，但是它们为什么如此不同呢？"
  - 通过提出假设——"乐器的大小和形状是否会影响声音的差异"，儿童明确了要探究的问题。
- 开发并运用模型。
  - 儿童创编了一种可供同伴阅读和演奏的音乐模型（乐谱）：他们在一页纸上通过给7种不同的颜色编码来表征一套手铃发出的声音，即每种颜色符号分别代表与该颜色相对应的手铃。
  - 儿童设计了一张地图模型，把他们认为在操场上有可能找到蠕虫的地方都画了出来。这张操场蠕虫分布图展现了儿童当前对于操场上蠕虫所在位置的看法。
- 计划并着手探究。
  - 在地图的指引下，儿童制订了探究计划，确定了去操场上的什么位置挖蠕虫。
  - 他们着手探究，根据地图和预先制订的计划挖蠕虫。
- 分析与解释。
  - 儿童分析了自己寻找蠕虫的结果，并在地图上把找到了蠕虫的地方标记出来，比较了实际找到蠕虫的地方与他们原先假设能找到蠕虫的地方。
  - 儿童也解释了这些蠕虫是如何移动的，并基于自己的发现选择新的方法探索蠕虫被触摸后的反应方式。
- 运用数学和计算思维。
  - 当儿童搭建高塔或桥梁时，他们会运用数学思维进行思考：搭建这个结构需要用到什么形状的积木，以及需要多少块积木。
  - 他们运用计算思维确定使风铃两侧物体保持平衡的最有效方法。
- 基于证据进行论述。
  - 儿童基于证据告诉朋友，那组摇晃的积木为什么会倒塌。
  - 儿童基于证据向朋友们解释，他们之前对于蠕虫位置的假设并不符合他们的实际发现。

在那些珍视从日常体验中获得学习的课程中，这些做法是自然而然的。这些案例也说明，有能力的成人和同伴对促进儿童的学习至关重要（Bodrova & Leong，2006；NRC，1999；Pianta & Hamre，2009；Wood，Bruner，& Ross，1976）。比如，一名能有效运用COI系统进行课程规划的教师，可以敏锐地意识到儿童渴望在操场上捕捉蠕虫的行为中所蕴含的学习机会，提供纸笔邀请儿童把他们有关"在操场上的什么地方能找到蠕虫"的推测画出来，并在儿童探究之后与他们一起重新浏览这张地图，讨论他们的探究发现。她会有意识地鼓励儿童建立模型、收集证据和进行分析，并利用这一过程引导和组织儿童的探究，使其朝着更复杂的思维方向发展（Bronfenbrenner & Ceci，1994；Fisher，2011；NRC，1999）。认识到儿童的疑问在其学习中所发挥的重要作用后，教师会鼓励儿童持续地保持好奇心并提出问题。在使用COI系统时，教师要考虑到是谁正在课堂上问问题，以及要多久赋予儿童一次提问并生成课程路径的权利。

教师作为研究者

仔细观察是COI系统的第一步。教师应基于对儿童的细致观察和思考进行生成性探究课程的规划。自从20世纪早期第一个儿童实验室成立以来，观察记录就一直是儿童早期教育的必要组成部分。尽管那时对儿童的研究尚处于起步阶段，但是当时在早期教育机构中所做的观察，为我们提供了有关"儿童如何对环境做出反应"[Ginsberg & Opper，1988；Piaget，（1926）1997，（1947），2003；Vygotsky，（1934）1986]的理论知识。观察结果告诉我们，儿童能否表现出一些标准化行为，比如，轮流交谈、动作协调地从事需要复杂精细运动技能的工作（Boehm & Weinberg，1996；Nilsen，2016）。在日常教学中，教师会根据对儿童当下行为的关注来决定下一步做什么，并基于对儿童的观察做出调整（Curtis，2017）。

通常，教师会观察、记录儿童的行为，并根据某个标准评价其发展性学习结果，然后以观察记录为依据进行课程规划。然而，儿童的思维过程并非外显的可观察到的行为，因此它们通常不会被教师记录下来。不过，儿童的思维与他们正在学什么和如何学直接相关。

例如，当吉莉恩反复地画一只猫时，她正在思考、学习有关身体部位和形态方面的知识。教师在观察了一段时间后认为，吉莉恩正努力在纸上组织线条，以适当的比例和位置表征猫身体的各个部位。教师基于观察和推断为吉莉恩提供了黏土和不同姿势的猫的照片，以此拓展她的学习。在这位教师看来，操作黏土将有助于吉莉恩把关注点聚焦于猫的身体部位与身体形态的关系上。

教师的思考对课程决策有着巨大影响。教师要经常探寻儿童的观点，并把他们的观点与自己的观点进行比较，以便在课堂情境中解释和赋予其意义。教师要了解儿童的兴趣，预测儿童可能会提出的问题，并根据自己的观察提供材料作为回应。COI 系统能够使教师捕捉自己对儿童思维的思考，并将其视为课程规划过程中不可或缺的部分。因此，COI 系统就是一种用于课程规划的行动研究方法。本书所介绍的 COI 系统要求你把自己变成一名研究型教师：收集观察资料，分析和解释观察资料，形成关于儿童思维的问题与假设，进而设计课程支持和扩展儿童的思维与探究。经历了这些过程，你将会对自己的教与学充满好奇并进行研究，也将与儿童一起体验到探究的快乐（Baker & Davila，2018；Stremmel，2007）。

COI 系统

COI 系统是一个有助于你规划生成性探究课程的结构。我们参考了早期教育领域中其他同样倡导瑞吉欧教育理念的学者的理论（Gandini & Goldhaber，2001；Stremmel，2007），研发了 COI 系统的各个阶段。COI 系统的独特之处在于，你在每个阶段的思考过程都被呈现出来，同时五种表格让你能够清晰地分解和阐述你的思考过程，从而设计出生成性探究课程。

- 仔细地观察儿童，把他们的语言和行为记录在 COI 观察记录表上。
- 对儿童所做的观察引领着你思考儿童游戏的意义，然后将其记录在 COI 思维解释表上。
- 收集儿童的问题，同时将你的问题考虑进来，把它们作为指导儿童进一步探究的课程点子记录在课程行动计划表上。
- 将众多的课程点子整合设计为一份激发儿童进行下一步探究的方案。
- 实施探究激发方案，并使用 COI 反思性评价表回顾它的实施情况，同时对你和儿童的学习经历做出评价。

接下来，你将跟随本书逐一聚焦于 COI 系统每一阶段的思考过程。当你基于观察规划课程时，你将练习如何按照顺序实施这些阶段（见图"探究循环之过程图"）。当然，你可能需要根据班级的实际情况对 COI 系统的流程和表格的使用做出一些调整。比如，实施 COI 系统之前，你需要对儿童的某一游戏经历进行多日观察，并根据这些观察制订不止一份课程计划。此外，你还将学习如何把新的内容添加到之前所填写的 COI 表格中，以此拓展课程计划。在贯穿全书的"垃圾焚化炉项目"中，你将会看到这个方法的应用。

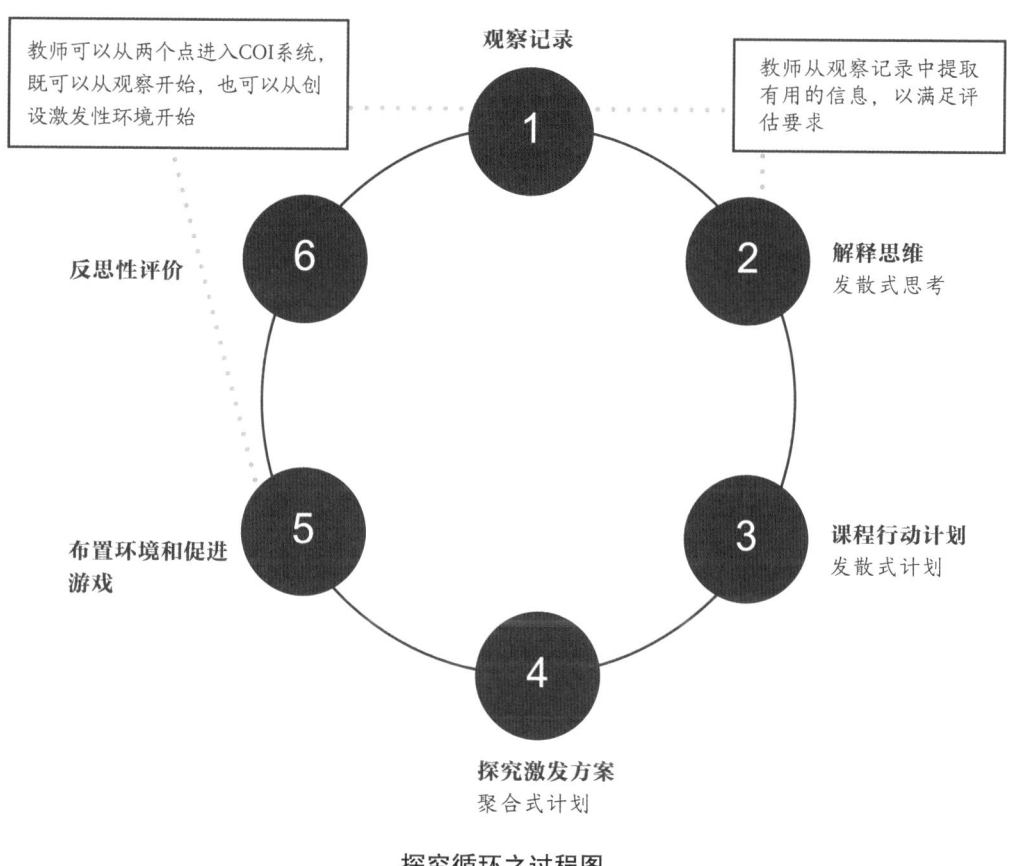

探究循环之过程图

1. 观察记录

教师观察儿童的游戏，并将儿童的游戏情况记录下来（附带照片的书面记录或视频），同时围绕游戏进行提问以引发长期的探究。

2. 解释思维

教师对观察资料进行反思，推测儿童的思维：他们知道些什么？他们在想什么？他们为什么要做这些事情？教师应从儿童的视角来思考游戏。

3. 课程行动计划

教师反思他们对儿童游戏的观察与解释。在此基础上，他们提出一些问题来更好地了解儿童，也把他们认为儿童头脑中存在的问题列出来，同时添加儿童提出的问题。教师如果能够把他们想要利用激发物进行干预时的思考和好奇写下来，就有可能形成一个非常好的行动问题。

4. 探究激发方案

教师制订计划，以推动课程向前发展。此时，教师应问问自己，课程行动计划中的哪些方面可以用来组织下一步活动？比如：儿童的问题稍稍超越了他们当前的经验；儿童需要额外的一些东西，才能实现他们的目标；儿童存在一些困惑；儿童关于世界的理论不完整或不那么令人满意。当活动满足儿童的兴趣又对他们具有些微的挑战性时，他们就会被吸引并参与其中。

5. 布置环境和促进游戏

教师应以"儿童多做，教师少做"的方式促进儿童的游戏，可以运用附带照片的书面记录或视频来捕捉儿童是如何投入激发性环境中进行游戏的。

6. 反思性评价

教师反思干预（激发）方案的实施效果，以了解儿童的参与情况，收集儿童学习和达成相关标准的证据，并思考自己的促进和记录策略中哪些有效、哪些尚需改进。

COI 系统与项目课程的主要区别

虽然 COI 系统和项目课程都以儿童的兴趣为基础，但两者之间还是存在着差异。项目课程通常由开始、探究和以庆祝活动为主的结束三个阶段构成。在开始阶段，许多教师会收集有关"儿童已经知道什么，还想要学习什么"的信息，并制订课程计划网络图。这些预设的网络图反映了他们觉得对儿童有意义的话题，而这些话题建立在他们对儿童兴趣的观察以及他们与儿童对话的基础上。

比如，想象一下，儿童对蓝草音乐[1]很感兴趣。在项目课程的探究阶段，儿童主要致力于提出问题和用材料来体验，特别是与该话题领域相关的专家一起体验。教师通过歌唱活动以及播放光盘、视频等向儿童介绍蓝草音乐，还邀请音乐家前来为儿童演奏蓝草音乐，让儿童沉浸其中。通过对话，教师了解到儿童不仅希望像音乐家一样演奏，还需要一个舞台来表演。于是，教师邀请儿童搭建舞台。之后，在接下来的很长一段时间里，儿童的活动聚焦于研究、思考建构活动和在建构活动中运用的建构术语，而将蓝草音乐搁置一旁。在项目课程的最后阶段，离预先计划好的项目庆祝时间所剩无几时，儿童又被拉回到对蓝草音乐的关注上。然而，此时，这个探究活动的焦点已经与儿童开展了很长时间的舞台搭建活动脱节了。为了遵循项目课程的三阶段结构，教师在项目开始时就把项目课程最后的结尾活动构思好了，即让儿童在其所搭建的舞台上为家长演奏蓝草音乐。如同本案例一样，实施项目课程的教师通常会按照预先计划的时间在项目结束时举行庆祝活动，欢迎家长进入教室，但是这样做有可能限制儿童在项目课程中的探究时间。

在COI系统中，教师无法事先确定课程的最终走向。他们根据自己对儿童思维的观察与解释，持续地设计接下来的课程，却并不知道课程在何时何地结束，也不知道它会怎样展开。比如，在蓝草音乐活动中，教师们意识到儿童思考的焦点是像音乐家一样表演，于是接下来的课程规划都与这一目标密切相关。他们认识到，让儿童建造一个舞台有可能导致他们思考的焦点发生偏离，将他们的思维引向与建构有关的经验。于是，他们就亲自帮助儿童建好舞台，舞台也就变成教师发起的激发性环境，引导儿童将自己当成乐手。

此外，使用COI系统的教师还关注儿童通过绘画、对话、照片、图表、戏剧和其他媒介来表征和再表征自己的想法，从而帮助儿童构建与他们正在研究的主题相关的概念性知识。比如，儿童关于舞台和舞台搭建的对话就是他们想法的表征，这些表征让教师知道在为儿童搭建舞台时应该包括哪些元素。尽管许多实施项目课程的教师也会鼓励儿童进行丰富的表征，但在项目

---

[1] 蓝草音乐（Bluegrass Music）是美国乡村音乐的一个分支，其标准风格是硬而快的节奏、高而密的和声以及对乐器作用的显著强调，经常使用的乐器有小提琴、班卓琴、原声吉他、曼陀铃和立式贝斯等。其浪漫美丽的名字来源于比尔·米勒（Bill Monroe）这位蓝草音乐之父的乐队"The Bluegrass Boys"（蓝草男孩）。——译者注

课程的指南中并不如此强调这样的概念表征和再表征。在蓝草音乐活动中，允许儿童忠于自己对表演活动的关注，这引出了另一种表征形式——儿童的音乐创作。后来，它也成为蓝草音乐活动中的一条重要探究线索，在第3章你将会读到相关内容。对课程的不确定性有很高的容忍度以及富有强烈冒险意识的教师会发现，COI取向的课程是激动人心的、富有创造性的和令人满意的。

如何使用本书

我们建议你一次只关注一章内容来了解COI系统的每个阶段，这样你就能逐渐开展反思性实践，既能看见自己的想法，又能让他人看见你的思考。在每一章的结尾部分，我们都给你提供了一些有价值的提示和建议，帮助你重新审视本章中与自己当前实践有关的内容，以及与同事分享你所学的内容。

为了帮助你开启COI系统的实践之旅，在本书开篇部分，我们针对教室环境布置和班级一日常规提供了一些建议。在COI系统的后面几个阶段，即在对观察记录进行反思后，你将会反复地参阅这一章内容。

以下是关于本书每章内容的简介。

- 第1章阐述了新学年伊始如何布置班级学习环境。在布置班级环境时，你要考虑儿童驾驭材料的能力，同时空间要有灵活性，材料要有开放性，教室要有审美上的吸引力。此外，你还要考虑为核心小组提供开展活动的小空间，以及发挥一日作息时间表在课程规划中的作用。
- 第2章探讨了与核心小组一起工作的理由。你将学习如何组织全班会议和小组会议，以便把核心小组的思考带入班级学习共同体，同时让核心小组成员从同伴那里获得启发，从而促进其探究的开展。
- 第3章分享了某一幼儿园班级里所开展的一个长期性探究项目——蓝草音乐探究活动。通过这个案例，你将对生成性探究课程的复杂性有一个大概的认识。同时在本章，你将学习如何通过"探究线索""激发方案"和"大概念"将儿童探索某个主题时产生的众多想法协调地组织起来。
- 第4章向你介绍了如何有目的地观察儿童的游戏，并邀请你记录儿童游戏的更多细节以思考：儿童的思维是如何建立联系的，以及他们可能正在想什么。本章将引导你在观察时放慢脚步，确定对儿童的哪些经历与互动进行观察，并考虑记录的详细程度，以便更好地理解这些经历对儿童的意义。本章还介绍了 COI 观察记录表，它将有助于你把观察儿童时产生的最初想法记录下来。

- 第 5 章将带你回到观察记录中，思考儿童之间的对话与互动的意义。你也许将意识到，你一直是基于对儿童想法和兴趣的思考来为他们设计活动的。COI 系统将引导你把这些思考写下来，作为对儿童思维的解释。稍后，这些资料将说明你的思考影响课程规划过程，也将供你和同事一起进行反思。

- 第 6 章要求你通过头脑风暴罗列出许多问题，这些问题包括：儿童已经知道什么？他们还有什么疑问？关于儿童游戏的意义，你还想进一步了解什么？在 COI 系统的这个阶段，你将思考使用哪些策略来鼓励儿童寻求问题的答案和解决他们所遇到的问题。这个阶段也将鼓励你尽可能地想出各种不同的方法追随儿童的探究，同时考虑如何提供各种材料以支持他们的探究性学习之旅。

- 第 7 章要求你思考 COI 系统前一个阶段所设计的各种方法，并从中选择一个来制订下一步探究计划，即制订激发儿童进行生成性探究的方案。之后，本章将引导你思考如何实施这一探究激发方案，并发现在推动生成性探究课程时要考虑的许多因素。

- 第 8 章探讨了反思性评价。本章将指导你回顾和反思 COI 计划的实施情况，并将反思记录下来。你将思考儿童是如何做出反应的以及如何基于对儿童的已有了解激发他们进一步探究，你也将会很兴奋地发现儿童正在达成广泛的学习标准。

- 第 9 章介绍了如何把 COI 系统各个阶段的档案整合成一份档案展板，与儿童、同事和家长交流学习故事。我们将以一线幼儿教师所制作的档案展板为例来说明这一制作过程。

生成性探究课程案例

在 COI 系统的每个阶段，你都需要将所做的观察与对课程规划的思考记录下来。这样做有助于你将思考转化为行动研究资料，将你自己的思考、推理与儿童的思维联系起来。

本书提供了大量发生于真实情景中的案例，它们生动地展现了生成性探究课程、COI 系统及相关表格的使用，可以帮助你更好地理解本书内容。其中，深入探讨了三个探究项目：城堡项目、蓝草音乐项目和垃圾焚化炉项目。

第 2 章介绍了城堡项目，它描述了教师如何围绕儿童探究的某一元素组织班级会议。在这个由 3—4 岁儿童组成的混龄班里，儿童对城堡有着极其浓厚的探索兴趣。教室阁楼的上下两层已经被改造成了城堡的房间，阁楼的下面是厨房和餐厅。许多儿童正在探索城堡生活的方方面面，包括用滑轮把物品从下层阁楼拉到上层阁楼。在积木区，儿童在很长一段时间里都专注于城堡塔楼的搭建，他们还模仿使用操作杆来控制城堡大门的开关。本章所描述的班级会议，是教师用来激发儿童使用各种材料搭建高高的城堡塔楼的一种手段。

第 3 章介绍的蓝草音乐研究是一个由教师发起的生成性探究项目，它发生在一个 4—5 岁儿童的班级里，持续了整整一个学年。蓝草音乐是当地文化的重要组成部分，该班教师兴致盎然地使用 COI 系统来设计蓝草音乐课程。我们描述了该研究的诸多细节，旨在说明在一个长期的生成性探究项目中，一个处于中心地位的大概念可以拓展出多条探究线索。在第 9 章，我们隆重推出了蓝草音乐项目的档案展板。

在本书的第 4—8 章，伴随着 COI 系统各个阶段的推进，你将会看到第三个探究项目——垃圾焚化炉项目的逐渐展开，它是在一个 3—4 岁儿童的班级里进行的。与本书的许多读者一样，该项目的教师也是第一次体验生成性探究课程。有关该项目的大型档案展板也将在第 9 章闪亮呈现。

本书为谁而著

我们撰写本书，旨在帮助各类早期儿童教育工作者学习使用 COI 系统来实施生成性探究课程。幼儿教师可以遵照 COI 流程进一步建构自己的能力；幼儿园管理者可以利用本书支持教师的专业发展；高校教师可以把本书当作教材，指导职前教师学习为儿童研发课程。我们希望借由本书培养早期教育领域的所有学习者都具有一种探究精神。

无论是幼儿教师还是职前教师，你都想了解在实施生成性探究课程的教室里，新学年是如何开始的。在下一章，你将了解早期学习环境创设的指导原则，学习如何制定一份支持生成性探究的作息时间表，并为一项探究项目确定探究的焦点。

第1章
创设生成性探究环境

你完全有能力实施生成性探究课程。本章概述了班级环境设计、日常作息时间安排和制订长期探究计划的一些基本原则。读完本章,你将清楚地了解应该如何在环境方面做好准备,以实现学与教的动态循环。为此,我们将首先审视在创设生成性探究空间时所涉及的一些基本概念。随着探究循环的进行,你将会一次又一次地回到本章内容,即在观察、记录和解释儿童的游戏后利用本章所学去拓展儿童的探究。

学习区

在为生成性探究课程创设环境时,一个总体目标是:创设学习空间,让儿童成为其中的主角,独立地发展人际关系,运用材料把他们的思维和反应转化为各种不同的语言,或者把他们对世界的理解和想法以不同的方式表达出来(Curtis,2017)。首先,围绕发展适宜性内容来规划学习区。换言之,它基于儿童的强项来促进儿童的学习,同时适合每个儿童的文化、语言和能力(NAEYC,2009)。这样的学习区可能包括:角色游戏区、图书区、操作区、感官区(可能聚焦于科学领域)、积木区、安静区和艺术区。其次,运用科学的环境创设理念,比如,空间设计要具有灵活性,提供开放性材料,尊重并建构儿童的能力,以及将美学应用于环境设计(Curtis,2017)。新学年伊始,你所设计的学习区要与你所处的环境以及儿童的生活紧密相关。本节将为你提供家庭生活区、书写区、艺术区和操作区的环境创设案例。

灵活的空间

当你灵活地设计每个学习区时,你就可以根据儿童的兴趣和探究对它们进行重新设计;你可以增加或去除一些材料或家具,以适应儿童正在探索的新概念。比如,在蓝草音乐探究活动中,教师最初用餐桌、水槽、炉子、冰箱、装有食物与盘子的篮子、布和餐巾等家庭生活材料来布置角色游戏区。同时,该区域位于教室的另一头,远离积木区。随着蓝草音乐探究活动的进行,教师对儿童的观察和思考促使他们重新设计角色游戏区。他们搭建了一个舞台,以回应那些对蓝草乐器越来越熟悉的儿童,因为这些儿童渴望分享他们关于乐器演奏者在舞台上进行乐队表演的知识。

蓝草乐队的表演舞台

教师还把角色游戏区移到积木区旁边,让角色游戏和积木游戏可以更灵活地融合到一起。环境上的调整,拓展了儿童的思维。他们的角色游戏从在蓝草音乐的舞台上表演,扩展到在积木区搭建好的"社区"里表演,再到"道路"沿线的各个"城市"去表演。另外,教师在积木区张贴了蓝草音乐的表演者和各种乐器的照片,以激发儿童的思维。

在下面的左图中，教师创造性地利用一个置物架将教室中两个区域（书写区和艺术区）的材料既相对分开，又彼此关联。这样，儿童就能从形形色色的用于做记号的材料中选择适合书写或适合艺术创作的工具。在下面的右图中，金属画架前面装材料的小推车将画架分成了两部分，这就给儿童提供了一个视觉信号：这里能容纳两个小朋友画画，推车两边各一个。

用置物架隔开的书写区与艺术区

艺术区的画架靠近书写区

教师可以对角色游戏区一次又一次地进行再设计，以适应儿童不断变化的兴趣。在学年初，教师通常会将家庭生活区当作首选的学习区，因为它可以利用儿童所熟悉的一些元素吸引儿童在自己的家庭和文化背景下展开探索。右图中的厨房看上去真实且自然，有助于儿童将他们的表征与家庭生活经验联系起来。教师要调整家庭生活区，将能代表班上不同家庭文化和儿童所在社区文化的物品投放到该区域。

把家庭生活区布置成一个厨房

在下页图中所示的积木区中，积木按形状被分门别类地摆放。该区域有地板和平台两种用来进行建构活动的平面，既可以让儿童自由选择舒服自在的建构场地，又可以引发他们不同的思维。教师在平台右边的架子上添加了各种有趣的建构材料，如石头、圆柱体、木制门把手等，以鼓励儿童采用不同的方式进行建构。

积木区

积木区的其他建构材料

以上所呈现的例子只是创设学习区的部分做法。为了吸引儿童探究，激发其创造力，教师要有目的地考虑把材料摆放在哪里和以什么方式摆放。这就是所谓的探究激发方案，即在学习区有意图地布置材料，以引出探究的线索，让儿童的学习自然发生。探究激发方案有助于儿童独立地进行更多的探究，可以鼓励他们想出不同的材料使用方法。当儿童拥有各种各样可以探究的材料，并能够主动地发起活动时，教师也就拥有更多的机会运用 COI 系统进行观察和记录，为反思儿童的生成性学习提供支持。在第 3 章，你将了解更多与探究激发方案和探究线索有关的内容。

开放性材料

虽然在新学年伊始，实施生成性探究课程的教师也会像其他教师那样为儿童创设一些典型的学习区，但是他们所投放的活动材料没有那么商业化。开放性材料具有从一种用途向另一种用途转换的可能性，比如一块积木可以变成一部电话、一种交通工具或一座房子。虽然开放性材料赋能儿童以不同的方式进行探索，并独立地或与同伴合作来表征自己的想法，但是教师布置材料的方式将会影响儿童探索时的思维。

在实施生成性探究课程的幼儿园里，自然物是最受欢迎的开放性材料。当教师把树枝投放在积木区时，儿童可能把它们当作道路旁的"树木"或道路的"边界"，当然还有其他许多可能的用法。在艺术区，树枝可以变成"画笔"，儿童将树枝的末端在颜料中浸湿后画线条画。松果或贝壳在积木区可以被当作"人"或被用来装饰复杂的积木建构作品。在家庭生活区，它们可以被放进碗里或平底锅中当作"食物"。教师也可以把这些材料投放到教室里的安静区或操作区，以鼓励儿童触摸、体验、辨别纹理，或者按照自己发现的规律去排序。在这些例子中，教师帮助儿童认识到，他们可以采用新的方式使用这些熟悉的材料。

儿童的能力

与儿童一起探究的过程，将促使你了解并珍视他们已有的经验、他们对探索的渴望，以及他们使用材料的能力。采用生成性探究课程的教师认为，儿童有能力使用那些在一般的幼儿园教室里很鲜见的材料，比如小油画笔、高品质画纸以及各种绘画颜料。教师通过示范向儿童介绍新材料，让他们不仅学会以负责任的态度使用材料，还会自主地、创造性地探索材料（Baker & Davila, 2018）。当你尝试对儿童进行有目的地观察时，你就能洞察如何结合儿童的探究焦点示范材料的用法。有关这部分内容，我们将在第4—7章详细阐述。

在放手让儿童独立探索材料之前，你可以利用小组会议、全班会议或儿童独自活动的机会，先向他们介绍材料，如黑色钢笔、颜料、黏土等。可以使用"出声思考"的策略把你正在做什么告诉儿童，从而向他们示范工具或材料的使用方法。例如，在使用笔尖很细的记号笔时，你可以说："当我不用力按时，这支笔画出的是细细的线；当我用力按时，画出来的线就会变黑、变粗。但是，在画画时我不会太用力，不然就会把笔尖弄弯或折断，以后这支笔就不能用了。你们看，如果我用这支笔尖已经损坏的笔来画画，就什么也画不出来。"

重要的一点是，在将新工具（激发物）投放到学习区之前，教师要向儿童介绍如何恰当地使用工具。同时，在使用工具的过程中，教师要借助提问激发儿童思考为什么要使用当前的工具以及如何使用该工具，从而给予他们持续的引导。你的目标是尊重儿童在探究性活动中使用工具表征想法的能力。

美感

意大利瑞吉欧·艾米莉亚市戴安娜幼儿园的艺术教师维·维奇（Vea Vecchi, 2010）指出，美可以激发学习的欲望。美和秩序会鼓舞、启发儿童。意大利儿童教育家玛丽亚·蒙台梭利（Maria Montessori）也深谙，秩序与条理会影响儿童的兴趣和投入程度（Crain, 2011）。教师要把关注点放在学习区视觉线索的运用及材料的布置上，从而在教室中践行美学的理念。

学习区内的视觉线索会引导儿童思考怎样自主地进入学习区活动。这样一来，教师就有更多的机会促进儿童真实地探索和体验材料。想象一下，如何才能通过环境布置邀请儿童画静物画。你可以在桌子中央摆放一束鲜花，然后在每个座位所在的桌面摆放一张画纸、一支画笔、一块折叠好的用来吸掉画笔上多余颜料的毛巾、一个带有少许干水彩颜料的调色板和一个装有水的小容器。这些材料会指引儿童思考要不要到那张桌子上画画。受那束鲜花的启发，儿童有可能画一幅鲜花的静物画。同时，桌子上的4张画纸给予儿童直观的视觉提示：这张桌子可供4个人活动。这样的环境布置鼓励儿童进入该区从事绘画活动，无须教师的任何干预。

　　一个重视秩序、不杂乱的区域会给人带来一种审美上的愉悦。教师有意识地减少往学习区投放的材料，不仅有助于儿童清晰地看到该区域都有哪些材料，理解该区域的活动目的，还会促使他们在选择材料时更审慎，也更容易与同伴合作。比如，下面的图片展示了某个班级里的操作区，教师在这个操作区摆放了一个置物架，并在置物架的每一层都放上两件相互间有关联的物品。置物架两旁的格栅作为空间隔断物，将操作区与另一个学习区分隔开来。这样的环境布置让儿童清楚地知道，他们可以从置物架上拿取操作材料，然后坐在架子前的小地毯上玩（在这张图片中，你只能看到小部分地毯）。教师应引导儿童保持学习区的整齐有序，这将有助于发展他们的自我调节能力，而这种能力又关乎他们能否有意义地使用学习区。

操作区

一日作息时间表

新学年伊始,你要做的另一件重要的事情就是制定一日作息时间表。在制定一日作息时间表时,教师一方面要为儿童长期的聚焦性探究活动留出充足的时间,另一方面要让一日活动流程清晰,使儿童能够预期什么时候可以和全班小朋友一起就生成性探究活动的主题及过程进行讨论和交流。依靠结构化的作息时间表,教师能够帮助儿童在一日常规的社会经验中发展自我调节能力(Bronfenbrenner & Ceci,1994;Copple & Bredekamp,2009)。作息时间表中的社会常规是一日生活中有规律的环节,儿童可以借此习得对时间的认识。班级会议(将在第2章讨论)是作息时间表中社会常规的重要组成部分。

本节,我们提供了一日作息时间表的样例,用于说明在生成性探究教室中活动的组织方法是多样的。借助一日作息时间表中的常规活动,我们可以引导儿童关注班级环境布置的元素。比如,为了促进儿童的探究活动,你和搭班教师会一直不停地引入新的材料,对学习区进行再设计。那么,每天早上你不妨问问儿童,他们是否注意到教室里多了些新东西,或者教室里的哪些东西跟昨天的不一样。

实施生成性探究课程的教师,通常会将那些能激发儿童探究的材料在区域中保留数天或数周,以便儿童可以进行深度的探索。但是,教师不会要求所有儿童都参与到所有活动中,各个核心小组的活动可以分别聚焦于探究项目的不同方面。同时,每天在学习区玩的许多儿童也并不都致力于探究焦点活动。因此,在投放材料时,教师要考虑把所有学习区都设计成可以支持儿童深度参与的区域。

半日制幼儿园作息时间表	
9:00	入园
9:15	全班儿童参加的非正式班级会议 ■ 欢迎;出勤(点名);天气;日历 ■ 今天,你注意到了教室里的什么?
9:30	建设性游戏时间
11:00	家庭式点心时间(允许儿童与同伴、老师交谈)

（上表续）

	半日制幼儿园作息时间表
11:15	班级会议 ■ 每周两次的非正式班级会议 　• 社交仪式活动（今天班里来了哪些小伙伴；唱歌；讲故事；做运动） ■ 每周三次的聚焦式班级会议 　• 关注长期项目的探究内容
11:45	户外游戏
12:30	离园
注意：教师也可以在建设性游戏时间带领核心小组召开聚焦式班级会议	

	全日制幼儿园作息时间表
7:00—9:00	入园和建设性游戏时间（早到幼儿园的孩子可以选择在哪里玩，父母常常会留下来陪孩子一起玩）
9:00—9:30	班级会议 ■ 非正式班级会议：开学伊始，每天召开；伴随着聚焦式班级会议的开展，每周召开2~3次。会议的主要内容为： 　• 社交仪式活动（今天班里来了哪些小伙伴；唱歌；讲故事；做运动） 　• 今天，你注意到了教室里的什么？ 　• 会议结束时，计划好选择哪类建设性游戏 ■ 聚焦式班级会议：随着探究项目的推进，每周召开2~3次（当儿童全身心地投入与项目有关的讨论中，而且能较长时间地专注于讨论的内容时，会议时间可以适当延长） 　• 聚焦于对长期项目探究内容的讨论 　• 会议结束时，计划好选择哪类建设性游戏
9:30—10:20	建设性游戏时间（儿童选择在哪里玩；教师协助核心小组开展探究）
10:20—10:30	整理时间
10:30—11:30	户外游戏
11:00—11:30	半日班儿童离园
11:30—11:45	过渡到室内活动和准备午餐
11:45—12:30	午餐和准备午睡
12:30—13:30	午睡
13:30—15:00	儿童陆陆续续睡醒后的建设性游戏时间
15:00—15:30	聚焦于总结当日活动的班级会议
15:30—17:00	离园（儿童在户外或室内活动，根据班上留下来的儿童和成人数量决定开放几个活动区）

确定探究焦点，组建核心小组

在为生成性探究课程创设了学习环境，制订了一日作息时间表后，接下来你就要把关注点转移到儿童的行为上。在每个精心设计的学习区，教师都要有目的地观察、记录儿童与材料互动的方式。在观察中你将会发现，有些儿童正投入地进行某些特定的探索，而这些发现将有助于你确定一个可能的探究焦点。与搭班教师协调观察儿童的时间，从而保证你们当中有一个人可以采用连续的书面记录、照相机以及 COI 观察记录表等各种方式记录该焦点区域的活动，另一位教师则可以把精力放在促进其他学习区的儿童顺利开展活动上面。

在那些貌似正在形成早期探究兴趣的学习区里，充当游戏核心人物的儿童有可能成为探究情境中最主要的研究者（Weatherly，Olesan，& Kistner，2017）。他们就是你可以邀请的对象，你可以邀请他们进入你所创设的激发探究的环境。这个核心小组可能由 4~7 个儿童组成，他们由衷地表露出有兴趣参与一个长期的研究项目并在这个过程中持续地学习。每天，你可以邀请核心小组的所有成员参与研究工作，也可以只邀请部分成员。有时，你也可以邀请其他儿童参与到该项目中，他们可能对推进或拓展该项目有一些奇思妙想，贡献自己智慧的火花。你可以观察儿童的兴趣，识别他们所拥有的特定能力与知识，以此确定到底要吸纳哪些新成员来支持该探究项目。

与搭班教师一起花些时间浏览一下之前所做的观察记录，就"哪些概念正在吸引儿童的注意"进行反思并谈谈彼此的看法。这些概念就是种子，可以萌发出一个探究焦点，而你可以通过重新设计学习区，引导并扩展出许多可能的探究线索。

围绕探究焦点重新设计学习区，以支持儿童的长期探究

当你重新设计班级环境以适应核心小组的探究焦点时，请缓慢而谨慎地引入新材料。一般而言，你只需创设少数几个专门用于开展探究的学习区即可。其他学习区依然按照发展适宜性的宗旨根据当天儿童的关注点提供材料和活动，邀请和挑战儿童去探索、想象、创造、互动和解决问题。此外，通过对儿童的行为进行持续而仔细的观察记录，你能发现新的探究线索。因此，一间教室往往不止有一个探究焦点或者探究区，不同的核心小组会围绕各自感兴趣又相互关联的探究线索展开探究（Weatherly，Olesan，& Kistner，2017）。

在下面这个故事中，3岁儿童所在班级的教师对艺术区进行了重新设计，让该区域的一部分用于探究，其他部分供儿童开展其他类型的艺术活动。

最初，教师将艺术区里的一面墙布置成可供几个儿童画画的空间，把邻近的两张桌子当作艺术创作的工作台，儿童可按照自己的想法在艺术区取用材料自由地进行创作。不过，由于儿童对绘画有着浓厚的兴趣，因此教师在艺术区设计了两个能激发儿童进行探索的情境：一个是在绘画墙上留出一部分空间并投放材料，引发儿童玩颜料混合活动；另一个是在一张桌子上投放材料，引发儿童玩做记号活动。接下来，儿童可以使用各种绘画和做记号工具追随这两条探究线索。

在绘画探索活动的早期阶段，教师引导儿童体验复杂的颜色混合过程，并对混合后的颜色进行命名。儿童会想方设法地记录颜色混合过程中每种颜料的用量。这样，以后他们就能根据配方再次调配出同样的颜色。

在靠近绘画墙的桌子上，教师创设了一个空间，将儿童的注意引向用记号笔和铅笔画各类记号的活动上。教师邀请儿童将自己画的记号张贴在墙上，贴在给他们拍的从事做记号活动的照片下面。儿童对记号进行分类，将相似的记号放到一列，还给每类记号命名，教师则帮助他们把名字写在粉红色的便笺纸上，并贴在相应的那列记号上面。儿童给这块贴有各类记号的墙取名为"记号字典"。显然，儿童的这一行为印证了瑞吉欧·艾米莉亚教育者所提倡的观点，即儿童使用多种语言表达自己，其中一种就是记号（Edwards，Gandini，& Forman，2012）。

在"记号字典"的右侧，教师张贴了白色绘画纸，邀请儿童画画。儿童发明的色卡被贴在这个画架的上方，目的是启发儿童画画时参考这些颜色。儿童可以在画架附近的小罐子里找到和这些颜色对应的颜料。教师特意将"记号字典"放在画架的左侧，以鼓励儿童把绘画也当作一种做记号的形式。在一个布置得井井有条的学习区，教师可以把当前和过去的探索活动档案整合起来（见第9章），向儿童、家长和参观者展示儿童的学习过程。

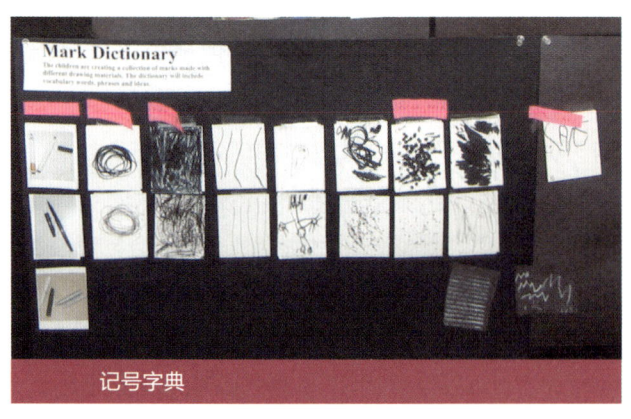

记号字典

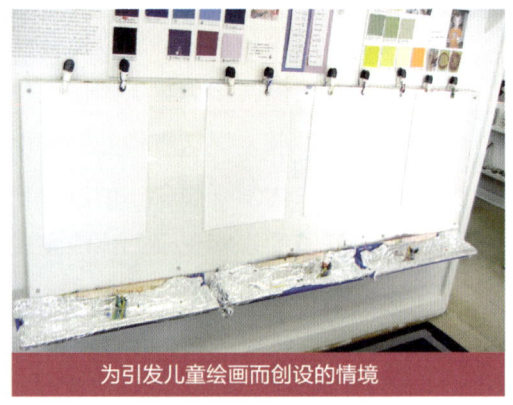

为引发儿童绘画而创设的情境

尽管艺术区里的这两块空间是围绕探究项目设计的，但是教师还是在该区域提供了一张大的工作台，供那些想进行其他艺术活动的儿童使用。同时，把儿童进行开放性艺术活动会用到的许多材料一目了然地摆放在材料架上，为儿童独立进行创作做好了准备。

此外，为了给记号制作和绘画探究活动提供空间，教师还对另一个学习区进行了重新布置。这样，共有三个区域可以开展这项研究。儿童可以在视觉上很轻松地读懂教师创设激发性环境的意图。比如，下图表明，这个空间可供两个小朋友进入，他们可以使用画夹和画笔画出摆放在镜子前面的漂亮物体。图中的镜子可以鼓励儿童从多个角度近距离地观察物体的细节；静物旁边的墙上挂着儿童正专注地画葫芦的照片，每张照片的下面贴着儿童的写生与涂色作品。当同伴的作品档案作为激发性环境的一部分被展示出来时，儿童就能从同伴的工作中得到启发和鼓励。

艺术区

激发儿童静物写生和绘画的兴趣

进一步反思与探究

在了解了如何为生成性探究课程布置教室环境之后,你可能对不同的学习区开展什么样的学习成竹在胸。在下一章,你将会了解如何利用小组会议和班级会议传播发生在每个学习区的故事,让班上所有的孩子都有机会从长期的探究活动中学习。

为了更深入地思考生成性探究学习环境的创设问题,你不妨尝试以下建议。

- 环顾一下教室,看看可以把教室里哪个区域的杂物清除掉,让这个空间变得对儿童更有吸引力。
- 在清理杂物时,思考每个学习区是如何利用视觉线索向儿童传达该区域的用法的。每天,你将如何通过在某些区域投放一些特别的材料来向儿童发出探究的邀请?(想想前面案例中鲜花作为静物画活动的激发物)
- 如果你发现有时儿童在等待你准备材料,那么不妨通过头脑风暴的方式想一想:怎样才能让他们在需要时就能拿到材料?
- 审视一日作息时间表并考虑如何重新制定,以保证儿童有足够的时间专注地玩建设性游戏。

第 2 章
组织班级会议与常规活动

班级会议为教师创造了把儿童聚在一起的机会。许多幼儿教师把这类班级会议称为"圆圈时间"或"集体活动时间"。在非正式班级会议中,教师可以把儿童聚集在一起,安排一天开始时、过渡环节和结束时的活动。除了这些导入性、过渡性和总结性的非正式班级会议外,在实施生成性探究课程的班级中,教师还会组织核心小组或整个班级参加聚焦式班级会议。这类会议通常围绕一个长期探究项目的方方面面展开,有时也会向全班儿童介绍核心小组的想法和思考。

非正式班级会议

非正式班级会议是指教师把儿童召集到一起讨论一些社会性话题,如班级规则、沟通以及社会冲突和其他问题的解决等,或者开展诸如唱歌、运动、阅读和手指游戏之类的社交活动。非正式班级会议通常很简短,其目的是把一日活动组织起来。

晨会是大多数幼儿园班级活动的一个重要部分。在晨会中,教师表达对儿童的欢迎,同时鼓励每个儿童跟小伙伴打招呼。在这种社会互动中,儿童在认识小伙伴的同时发展了他人意识,也意识到自己是集体的一分子。在很多班级,教师会花些时间邀请儿童承担某种角色或工作任务,比如分点心的小帮手、植物的守护者、班级宠物的照顾者等,这些角色有助于培养儿童的集体意识和责任感。

在实施生成性探究课程的教室里,许多幼儿教师会在非正式班级会议上邀请儿童分享自己当天在教室里的新发现。正如第 1 章所述,为了回应儿童的探究兴趣和创设激发探究的环境,你会不断地引入新材料,并定期对学习区进行再设计。因此,这些环境方面的变化可以成为非正式班级会议上儿童谈话的内容。对这些新变化的分享,将引发儿童讨论某些区域中出现的新材料,以及这些材料对最近发生在该区域的游戏和探索有什么作用。

这些讨论为教师提供了一个机会，让他们得以对建设性游戏时间里每个学习区中的儿童所表达的想法和思考进行回顾。很多采用生成性探究课程的教师用"建设性游戏"一词取代"自由选择"或"自由游戏"。"建设性"一词代表儿童专注于在游戏中学习并构建新的理解。比如，在前一天的一次班级会议上，教师与全班儿童讨论了如何用黏土建造城堡。今天，教师把黏土重新投放到艺术区。在晨会上，当组织儿童讨论他们今天注意到教室里有什么新材料时，教师可以提及前一天班级会议上讨论的内容，并反思照片档案，以引导艺术区的黏土操作活动。这是一场既回顾了过去又能启发未来创意的对话和讨论。

聚焦式班级会议

虽然班级会议能为儿童提供丰富其认知和扩展其思维的机会，但是即使在高质量的早期教育机构中，这样的机会也经常被错失（Hamre et al., 2014）。教师们可能没有时间，也可能像导言中的树蛙探索案例中所提到的安伯·福斯特和她的同事那样，不知道如何扩展有趣的探究，或者如何使他们讨论的焦点超越一次简单的体验。生成性探究课堂的与众不同之处在于，班级会议讨论的焦点超越了"问题解决仅限于规则、社会互动和冲突"的范畴。实施生成性探究课程的教师每周都会策划组织几次聚焦式班级会议，有时是全班儿童参加，有时只有几个儿童参加，会议所讨论的问题和困惑与儿童建设性游戏活动中的探究线索相一致。在精心策划下，教师可以有意识地帮助儿童通过亲身体验、与同伴对话等方式进行元反思，即反思他们对自身的兴趣、问题、好奇以及看待世界的方式等问题的思考。在下面的故事中，班级会议从对话开始，进而引发儿童对真正的城堡与埃弗里特搭建的城堡进行比较。

教师：（向儿童展示他们前一天在积木区搭建的城堡作品的照片）请大家说说，这张照片上的建筑物是什么？

埃弗里特：这是一座城堡，有围墙和塔楼，这些城堡的塔楼还不够高。

教师：我们能想出什么办法帮助埃弗里特将塔楼搭建得更高些呢？

悉妮：在上面再加些积木呗！

埃弗里特：我试过，在上面再加积木，塔楼会倒塌的。

凯西：可是，你搭的塔楼比围墙还高呀！

教师：我们一起来看看这些真实的城堡塔楼的照片，你们发现了什么？

埃弗里特：那个塔楼是圆形的。它跟我的塔楼一样也是用积木搭建的。

组织聚焦式班级会议，为核心小组提供了把他们的经验和想法介绍给全班儿童的机会。这种分享可以巩固核心小组对探究内容和过程的理解，并从同伴那里获得新的灵感和启发。你还可以引导核心小组把自己面临的问题告诉小伙伴，以寻求帮助，找到解决问题的答案。此外，核心小组与全班儿童分享自己的探究过程，这一做法也让其他儿童有机会接触到班级里正在发生的认知活动，进而鼓舞新的游戏者定期或长期地参与探究。

聚焦式班级会议的好处

把全班儿童聚集起来，围绕核心小组的探究内容与过程进行讨论，有如下好处。

- 向其他儿童介绍探究的内容，慢慢地，这些儿童最终也可能参与到这个项目中。
- 与全班儿童分享探究的内容，这样教师就可以评估他们是否都对该主题和概念感兴趣，他们是否具备相关的知识。
- 把同伴的新点子、新想法带给核心小组。

在开启生成性探究课程之旅后，为了让核心小组成员共同关注他们探究活动的某一具体方面，你可能会经常组织聚焦式班级会议。有时候，核心小组成员之间的对话能够让你更深入地了解儿童建设性游戏背后的想法。有时候，你可能需要投放一些材料、提出一些问题或者分享一些观点，以将他们的思维引到新的方向。

就这样，从小组到全班，通过一次次地分享信息、交流想法，教师就能确保把探究的焦点介绍给所有儿童。比如，在一间教室里，班级会议围绕一个持续了四五个月的长期故事项目展开。这个故事项目萌发于一次班级会议，在那次会议上，教师给全班儿童读了一个故事，故事讲的是一个小男孩和他的父亲离开城市里的家去森林徒步旅行。在回顾故事的内容时，有些儿童把关注点放在森林里的一条小路上，有些儿童觉得它其实就是一个关于小路的故事。在之后的几个月，教室里的各个学习区出现了若干个与这个故事有关的不同维度的探索活动。比如，研究如何画一条线，并通过敲不同图案的印章来表征故事中提到的元素，如房子、小路的起点、小路上的熊或别的动物以及故事最后出现的湖泊等。

尽管如此，仍然有一些儿童从来没有进入这些学习区玩过，他们每天的大部分时间都沉浸在丰富多彩的角色游戏中。为了对这部分儿童的游戏有更多的了解，以支持和拓展他们的思维，教师询问他们是否愿意讲讲自己的游戏故事。儿童立即跑到艺术区找到自己所需要的材料，并运用符号和曲线画出他们的故事。从这些儿童的反应可以看出，他们其实一直都在密切关注着故事项目的进展，因为他们"讲述"故事的方法就是那部分正在从事故事项目探究的儿童想出来的，并曾在聚焦式班级会议上进行过几次分享。

这部分儿童的经历给我们带来深刻的启示。它验证了这一观点，即以核心小组为中心的生成性探究课程能让所有儿童受益并从中获得学习。聚焦式班级会议每周举行2~3次，内容涉及故事创编、戏剧表演以及与之相关的内容。这为教师提供了充足的时间评估所有儿童在这个故事探究方面的学习情况，即使那些没有直接参与故事探究项目的儿童也能得到评估。随着时间的推移，儿童越来越长时间地参与到聚焦式班级会议的讨论中，有时讨论了45分钟还意犹未尽。在这种情况下，教师计划第二天继续组织讨论。

聚焦式班级会议设计指南

以下指南概述了聚焦式班级会议的设计过程。聚焦式班级会议来源于教师对儿童的仔细观察，对儿童在建设性游戏中的思维与目的的解释，以及在回应儿童时浮现出的问题。聚焦式班级会议是基于教师的兴趣、由教师发起的激发性活动，教师相信它将极大地激发儿童的好奇心，并支持他们从事一个长期的探究项目（见第3章）。在介绍完指南后，我们将通过一个班级案例阐明如何将它付诸实施。在后面的章节中，我们将围绕如何进行观察、记录和反思等展开深入探讨。随着对这些内容的学习，你将知道如何基于观察来使用COI表格设计生成性探究课程。当你学会使用COI表格记录对儿童游戏的观察、解释以及浮现出的问题时，你就能借助这些内容设计一次聚焦式班级会议。

聚焦式班级会议设计指南

1. **观察与记录**

    记录观察结果，同时"捕捉"你的思考。

2. **确定一个有待探索的问题**

    （1）该问题具有发展适宜性，且符合很多儿童的兴趣。

    （2）该问题来自儿童的游戏，并有助于儿童进行元反思——对自己的思考、问题和好奇的反思。

3. **选择能引发并鼓励探索的材料**

    （1）使用在儿童游戏时拍的照片、他们的绘画作品，以及任何与你们将要讨论的问题有关的物品。

    （2）计划好用于记录会议讨论和活动的材料，比如摄像机、用于进行书面观察记录的材料以及用于记录儿童会议发言的画架，等等。

    （3）既可以用新的方式探索熟悉的材料，又可以引入新的材料。

4. **创设能捕捉对话和邀请探索的环境**

    （1）儿童会围成一圈坐吗？

    （2）是否让儿童围坐在提出该问题的学习区工作（例如，在积木区探索"怎样才能搭建一座很高的塔"，在艺术区探索"怎样混合颜色"）？

    （3）你坐在什么位置会更方便与儿童互动并能更顺手地拿到要用到的材料？

    （4）在班级会议期间，你的搭班教师会如何给你和儿童提供支持？

5. **形成促进探究和拓展儿童思维的问题**

    你的目的是促进儿童在对话中亮出自己的想法。

6. **设计流程**

    （1）准备材料　（2）引入问题　　（3）示范材料操作过程

    （4）聚焦游戏　（5）吸引小组参与　（6）推动并记录全班儿童的反思

7. **计划第二天的后续行动**

1. 观察与记录

仔细观察儿童，用附带照片的文字或者视频把儿童与同伴及材料互动的情况记录下来，我们把这些档案称为资料。审阅这些资料，试图对观察到的游戏进行解释，并分析儿童行为背后的想法与目的。思考儿童游戏背后的原因是什么，儿童的行为和对话的原因及方式是什么（Wien & Halls，2018）。你认为，儿童在想什么？他们知道些什么？他们有什么错误的认知或疑问？

2. 确定一个有待探索的问题

尽可能深入地挖掘儿童可能存在的疑问，或者你可以向他们提出哪些问题，以引导他们展开进一步探究。你能否找到一个具有发展适宜性、符合很多儿童兴趣且可以在集体支持下解决的问题？利用聚焦式班级会议引入一个问题，可以给儿童增加新的知识、信息。这个问题或许以回应性激发物（responsive provocation）的形式出现，即教师根据儿童不断探索的需要提供材料，以加深他们对所探索的概念的理解。

3. 选择能引发并鼓励探索的材料

在计划聚焦式班级会议时，我们先要把材料准备好，以便框定和提出问题，帮助儿童探索问题。你可以鼓励儿童用新的方式探索熟悉的旧材料，也可以引入新的材料（Baker & Davila，2018）。这些材料包括：儿童正在游戏中使用的材料，或者为了帮助儿童找到解决问题的方法或为了激发他们进一步探索而有意投放的新材料。教师在提供材料时要追随儿童的探究，让他们觉得自己就是探究活动的权威，与他们之前的游戏无缝对接（Baker & Davila，2018）。最后，教师还要计划好如何记录探究小组的思考和学习。

4. 创设能捕捉对话和邀请探索的环境

教师要考虑在教室里寻找一个最适合组织儿童进行聚焦式班级会议的地方。这个地方也许是全班儿童平时讨论时所在的区域，也许是本次讨论要重点关注的一个学习区。

想一想，你打算让儿童怎么坐？把激发儿童探究的材料放在什么位置更方便在你需要时随手拿到？你打算使用什么工具和材料记录儿童的经验？

5. 形成促进探究和拓展儿童思维的问题

作为聚焦式班级会议的促进者，你的作用是鼓励儿童在开诚布公的对话中把自己的想法亮出来。可以利用问题引发儿童之间的对话，同时鼓励儿童作为对话的主导者。

6. 设计流程

为了成功地吸引儿童围绕探究项目进行富有成效的对话，你需要进行通盘思考。这样的思考将有助于你为接下来与儿童进行交谈，做好充分的准备。你的目标是将讨论的主导权移交给儿童，由他们带头来分享自己在学习区的发现，说说自己是如何解决问题的并提出新的问题。作为聚焦式班级会议的促进者，你的作用是协助儿童轮流对话、倾听、回顾观点，同时向他们介绍有可能深化探究的新材料与内容。

（1）**准备材料**。为聚焦式班级会议建立清晰的材料准备系统，以便儿童可以从上一个活动顺利地过渡到班级会议。

（2）**引入问题**。回顾之前发生的游戏，准备好将儿童正在面临的问题引入会议。当邀请儿童分享他们的游戏过程时，他们会用自己的语言描述游戏中遇到的问题。换言之，在引入一个问题之前，你要了解儿童可能会用什么词汇描述自己的想法。照片、视频以及之前游戏中用到的材料都能帮助儿童重温自己的游戏经历并开启对话。有关儿童之前游戏的照片，常常能点燃不同儿童的思维火花。

（3）**示范材料操作过程**。在那些对生成性探究课程感兴趣的教师看来，示范材料的用法是一个颇有争议的问题。人们普遍持有一种错误的认识，即生成性课程就是要让儿童自己主导课程，示范用法会导致儿童通过与材料互动、与他人互动进行自我建构的过程失去真实性。然而，恰恰相反，儿童每天都在向他人学习——在家里，他们向不同年龄的家庭成员和社区成员学习；在学校，他们向不同的老师和同伴学习。比如，当你与儿童交谈时，你就在向儿童示范语言和交流技巧的使用，但同时并没有强迫他们只能采用某一特定的用法。同理，在允许儿童随时插话的对话环境中示范材料的某一用法，也是一种向儿童展现某种材料初步用法的很棒做法。

（4）**聚焦游戏**。在设计聚焦式班级会议时，很重要的一点是，围绕想要探索的大概念与探究线索组织儿童思考。这样，他们就可以顺利地向小组探究过渡。

（5）**吸引小组参与**。通常情况下，一旦你介绍了新材料，儿童就会饶有兴趣地探索它们。你可以将全班儿童划分成不同的核心探究小组，让所有儿童都有机会与这些材料互动，这是迎接这一挑战的好方法。

（6）**推动并记录全班儿童的反思**。你可以事先准备一些问题和指导语，在聚焦式班级会议接近尾声时带领全班儿童开启反思。在聚焦式班级会议中，你会观察并记录儿童之间的对话与互动，并据此提出一些其他的问题，把儿童思考的焦点拉回到你组织讨论的初衷上。你还可以吸纳儿童提出的问题或者见解。日后，这些细致的笔记或许能帮助你设计回应性激发方案以促进儿童的探究。

当然，聚焦式班级会议（包括多个核心小组）的反思环节安排可以有一定的灵活性。只要总体上不影响一日生活的作息安排，儿童的注意力是集中的，那么反思环节就可以放在班级讨论之后立即进行，也可以放在第二天的聚焦式班级会议上进行。通常，当谈话内容涉及儿童觉得特别有意义的工作和游戏时，他们就会愿意进行更长时间的讨论。

7. 计划第二天的后续行动

利用班级会议中的材料和讨论时产生的想法，你可以给教室的一个或多个焦点探究区域设计后续的活动。至于儿童的其他兴趣，他们可以继续在其他学习区探索。

当基于儿童的需要重新设计或者扩展学习区时，你既要满足一部分儿童对焦点探究活动的兴趣，又要兼顾另外一部分儿童对其他活动的兴趣（见第 1 章）。有时，让某一学习区只聚焦于探究某些概念很重要。在创设这类学习区时，你需要移除与当前特定的探究无关的材料，以便儿童在不被干扰和打断的情况下能够深入地探究概念。

聚焦式班级会议案例：城堡

在本案例中，你将会看到教师如何围绕城堡探究活动，遵照设计指南一步步地设计一次聚焦式班级会议的。

1. 观察与记录

教师所收集的档案资料揭示了儿童对搭建城堡的兴趣（见下页图片）。我们可以看到，儿童围绕城堡玩角色游戏，并在积木区搭建城堡。教师观察到一些儿童在努力地搭建一座有着"高高的塔楼"的城堡，但在搭建过程中遇到了困难。

此前,有位教师曾邀请儿童画出他们的积木城堡结构图,以帮助他们思考"高"的概念。从儿童的绘画作品可以看出,他们是以俯视的角度看自己的积木建构作品的。这表明他们并不理解"高"的概念,他们如果理解,就会从侧面的角度画城堡结构图。

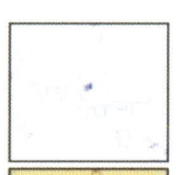
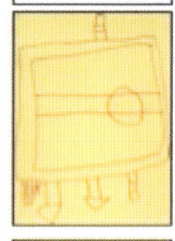
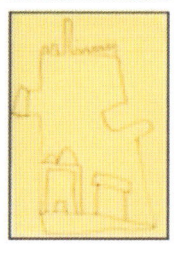

儿童的积木城堡作品及绘画作品等档案资料,有助于教师规划聚焦式班级会议

2. 确定一个有待探索的问题

在翻阅了书面观察记录、儿童的城堡作品照片和儿童为积木城堡画的画后,教师们断定儿童对城堡本身及城堡里的生活都很有兴趣。他们认为,"如何搭建一座高高的城堡塔楼"将会在班级会议上吸引所有儿童的注意和兴趣。

3. 选择能引发并鼓励探索的材料

为了组织儿童就城堡塔楼进行初步的讨论,教师在教室里收集了如下材料:

- 儿童的塔楼作品照片、真实塔楼的照片以及有关城堡的书中的塔楼图片;
- 用于记录的材料,包括:用于捕捉儿童想法的便笺纸、用于拍照的照相机以及用于记录儿童言行的观察表;
- 供儿童在小组活动中探索"如何搭建一座高高的城堡塔楼"的材料,包括:

黏土、可拼插的方块积木[1]、带切口的纸板以及小号矩形单元积木。

4. 创设能捕捉对话和邀请探索的环境

聚焦式班级会议将分为三部分：第一部分即初步的讨论，教师提出问题并介绍材料；第二部分，邀请儿童加入4个探究小组，每个小组分别使用不同的材料探索如何搭建一座高高的城堡塔楼；第三部分，把全体儿童召集起来，围绕4组儿童的材料探索成果进行交流，让每组儿童都可以了解到其他组小伙伴的发现。

在进行初步的讨论时，教师可以从每组材料中选取少许放在自己身边用于讨论和示范。为了鼓励儿童接下来进行聚焦式探索，教师将4种材料（黏土、可拼插的方块积木、带切口的纸板和小号矩形单元积木）分别摆放在教室里4个不同区域的硬质纤维板底座上。

生成性探究课程与高等院校学术研究的相似之处

想一想，本章所呈现的实施生成性探究课程的教室，与研究型大学里的实验室是不是有点相似？你可以把教室中的每个学习区都想象成一个进行研究性学习的实验室。在各个"实验室"里，儿童正在通过探索材料获得专业知识，最后还与同伴分享这些知识。在大学，从事研究工作的同事经常会聚在一起开会，分享他们的研究进展和研究成果。他们还通过会议寻求同行的反馈，以推动研究进程。我们可以将聚焦式班级会议重新诠释为一次学术讨论会。在学术讨论会上，儿童作为参与研究性学习的专家聚集在一起，分享信息并获得反馈以进一步推进研究。

---

5. 形成促进探究和拓展儿童思维的问题

教师向全班儿童提问，也向正在搭建塔楼的核心小组提出一些问题。

首先，教师问全班儿童

师：照片中的塔楼是我们班上的一些小朋友用积木搭建的，它们和真正的城

---

[1] 原文"unifix cubes"，是一种帮助儿童学习数字和数学概念的游戏材料。每个方块积木代表一个单元，每个方块积木的一侧都有一个开口，使其能够连接到另一个方块积木。这类积木通常用于帮助幼儿园到三年级的儿童练习计数、排序、比较、加法、减法或乘法，动手操作这类积木可以使儿童的数学思维更具体，对有学习困难的儿童尤其有帮助。——译者注

堡塔楼一样高吗？

师：（如果儿童的答案是"是"）告诉我，你为什么认为它们一样高？

师：（如果儿童的答案是"不是"）告诉我，你为什么觉得它们不一样高？

其次，问正在搭建塔楼的儿童

师：告诉我，你们是怎么搭建城堡塔楼的？

师：告诉我，你们在搭高塔楼的过程中，在哪里遇到了问题？

最后，问全班儿童

师：你们想搭建城堡塔楼吗？

6. 设计流程

（1）**准备材料**。在本次聚焦式班级会议中，全班儿童都参与了讨论。然后，所有儿童分成几个核心探究小组，分别使用一种不同的材料进行探究。为了实现这一点，在点心时间，班级两位教师轮流承担两种角色：一位教师负责照看点心活动，让儿童围坐在3张桌子旁吃点心；另一位教师负责布置材料和相关区域，为全班讨论做准备。

① 规划班级会议的集合地点：教师在召开班级会议的地毯周围为每个儿童摆放一张垫子，然后把激发性材料和一个带有大画板的画架放在自己的座位旁边。这样当儿童讨论时，教师就可以把他们的对话记录下来。此外，她还在地毯中央放了一箱书，因为儿童已经习惯于吃完点心坐到地毯上，从箱子里拿出一本书独自安静地阅读或与小伙伴一起阅读。等所有小朋友都为班级会议做好了准备后，教师请一名儿童负责将这些书收起来放回箱子。

② 为班级会议之后的核心小组探究做好准备：在儿童吃点心时，一位教师在教室里布置了4个不同的区域，在每个区域都铺上一块防水布，并投放一份特定的探究材料供一组儿童搭建城堡塔楼。

> 可拼插的方块积木。当儿童以线性方式将方块积木笔直地连接起来搭建塔楼时，他们可能遇到搭建的作品稳定性差的问题。教师饶有兴趣地向儿童提出这一挑战让他们面对和讨论，这样当该组儿童将自己的发现与其他小组进行比较时，他们就能确定哪些材料对建造高高的城堡塔楼有用、哪些没用。

> 矩形单元积木。教师之所以选择矩形单元积木，是因为它们可能给儿童

带来之前用大纸板砖搭建城堡时所遇到的类似挑战。对这些教师来说，在一个很窄的面积上进行叠加垒高，似乎很值得探索。

> 黏土。教师之所以选择黏土，是因为可以将其盘绕成圆柱状。在班级会议期间，教师向儿童展示了如何把黏土搓成一个卷，然后在几个儿童的帮助下将几个黏土卷一圈圈缠绕起来。

> 带切口的纸板。这类材料可用于搭建各种结构，不过建筑物的墙会随着每片纸板的插入而弯曲。

黏土被一圈圈绕起来

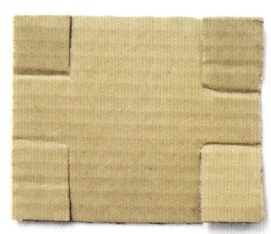

带切口的纸板

（2）**引入问题**。教师出示儿童搭建的积木城堡塔楼的照片、真实的城堡塔楼的照片，以及城堡书中的塔楼图片。之后，她将事先准备好的问题抛给儿童，开启与儿童之间的对话，并根据儿童的回答做出进一步回应。另外，教师还倾听儿童分享他们搭建城堡塔楼的故事，以及他们在看了图片后的一些想法。为了激发并维持儿童对下一步探究活动的兴趣，教师询问儿童是否愿意搭建一座高高的城堡塔楼。

（3）**示范材料操作过程**。教师向儿童示范了4种材料的操作过程。她先把黏土绕成一个圈，然后把3个黏土圈缠成一个圆柱形。接着，她邀请两名儿童尝试这个操作过程，请其他儿童观摩并提供反馈。等这两个儿童操作完毕后，教师将这些材料放到一边，又拿出另一份材料。就这样，她分别示范了如何使用剩下的3份材料进行建构。之后，她邀请一两名儿童尝试使用每种材料，班上的其他儿童则聚在一起观察并学习操作方法。

（4）**聚焦游戏**。教师向儿童保证，讨论之后会给他们安排充足的时间玩这些新材料。在简短地演示完每种材料的玩法后，教师邀请儿童预测一下哪种材料最适合用来搭建一座高高的塔楼。搭班教师将儿童的预测结果记录在一张表格里，这样儿童就能看到自己的话被表征成符号并写在纸上，同时在后续讨论时也可以随时回顾这张表格。儿童做了如下预测：

- "用可拼插的方块积木搭的塔楼会超级直。"
- "尽管黏土可以被搓成圈，但它太软了，不可能造出真正的城堡塔楼。"
- "可以用积木搭出圆形的城堡塔楼，因为图片中的一些城堡塔楼就是用积木搭建的。"
- "积木搭的城堡塔楼最牢固。"

（5）**吸引小组参与**。教师向全班儿童介绍接下来4个小组分别在什么地方活动，每一组将尝试选择其中的一种材料搭建城堡塔楼。同时，教师告诉他们，探索活动完成后全班小朋友将重新聚到一起讨论，每个小组都要谈谈自己在使用材料进行建构的过程中学到了什么。儿童知道活动后要分享自己的发现，就会将注意力集中在使用材料进行探究的过程上。之后，教师邀请儿童与本组小伙伴一起找一个地方进行探索。教师则在各个小组间巡回走动，给予适宜的支持，并用照片和文字把每组儿童的搭建过程记录下来。

（从左到右）使用单元积木的建筑师；使用纸板的建筑师；使用可拼插的方块积木的建筑师；使用黏土的建筑师

（6）**推动并记录全班儿童的反思**。游戏结束后，两位教师将全班儿童召集到一起，他们依次欣赏了4组儿童的建构作品，并倾听小伙伴分享各自搭建城堡塔楼的经验。教师不断地推动儿童间的对话，围绕"儿童之前的预测与小组实际探究的结果有何异同""搭建过程中遇到哪些问题""儿童搭建的城堡塔楼与图片中的城堡塔楼是否相同"以及"各组儿童对所使用的材料的特性和用途有何看法"等问题展开讨论。以下是儿童对材料的一些看法：

- "用可拼插的方块积木搭的塔楼摇摇欲坠。"
- "场地有助于单元积木搭得更高。"
- "用黏土搭建城堡塔楼时,虽然搭建的速度慢,但我们的塔是圆的,像真正的城堡一样。"
- "我们可以使用大积木块(单元积木)搭建。"

7. 计划第二天的后续行动

在探究城堡塔楼的过程中,教师将积木区扩大,既可以容纳与这一长期项目有关的建构活动,又为那些想玩其他建构游戏的儿童提供了足够的空间。艺术区也是如此,教师在那里摆放了两张桌子,一张一直用于与该长期项目有关的探究活动,另一张用于儿童对其他艺术媒介的开放性探索。在城堡塔楼项目的探究期间,教师还允许儿童在角色游戏区表演城堡里的生活。教师们是这样为第二天的活动做准备的。

- 艺术区:纸张已准备到位,并且每张纸的中央都画了一个圆圈。小号黏土砖被装在一个小小的容器里,且数量足够让4个儿童各自完成一件作品。桌子上贴着一个书面提示语——"你能用这些砖建造一座高高的圆形城堡塔楼吗",它向儿童发出了活动的邀请。在一张纸的圆圈上摆放着一部分砖块,暗示着儿童可以在圆圈上建造城堡塔楼。此外,有关班级会议的照片给了儿童另外一种提示。在该照片中,教室的地板上有一个用胶带贴成的圆圈,一组儿童正在圆圈上用单元积木搭建一座城堡塔楼。

书面提示语

书面提示语会吸引儿童询问上面写的字是什么意思,它有助于教师更好地思考这个激发物的关注点,同时也是一个启发儿童读写兴趣的工具。

- 积木区:地面上,有一个用胶带"画出"的大圆圈。附近张贴着一张班级会议上核心小组用单元积木搭建的城堡塔楼的照片。在大圆圈上摆放着几块大号纸板砖,它启发儿童在圆圈上搭建圆形的城堡塔楼。
- 操作区:桌子中央的篮子里放了一些小方块积木,旁边放了几张班级会议上展示过的城堡塔楼的照片。4个座位对应的桌面上各摆放一张纸,且每张纸上都画了一个圆圈。这些圆圈大小适中,正好便于儿童将其作为地基在上面

建造塔楼。

- 此外，艺术区和操作区的桌子上以及积木区的地板上都放着带有城堡图片的书。同时，三个区域的墙上都张贴着城堡的照片以及班级会议上儿童所搭建的塔楼的照片。

在班级会议结束之后的几天里，儿童成功地用硬纸板砖搭建了一座又高又圆的城堡塔楼，而他们所采用的搭建方法正是使用单元积木的那组儿童发明的。还有一些儿童把小号单元积木拿到沙盘上，以沙子为支撑物把积木竖起来。此外，之前班级会议上所展示的城堡塔楼书中的插图给儿童带来了灵感，他们用硬纸板剪出带有塔楼的城堡。

搭建一座高高的城堡塔楼

在沙盘中运用城堡思维

进一步反思与探究

教师在设计聚焦式班级会议时所进行的反思性思考，能够激发儿童与班级里正在开展的研究项目建立更深度的联系。在这些会议中，你将更好地了解儿童游戏和探索的目的，从而帮助他们掌控自己的探究活动，成为自己探究领域的专家。在会议上，教师可以向儿童介绍新材料，示范新材料的用法以及与同伴合作使用材料的策略。同时，还可以引导儿童思考、评估自己的想法，进而推动项目发展。在下一章，我们将介绍蓝草音乐探究案例，以说明一个长期的探究项目由哪几部分组成。

为了有效地组织聚焦式班级会议，你不妨尝试以下建议。

- 观察教室里的各个学习区，看看儿童是否正面临着某一个你可以与全班儿童分享的问题或挑战。
- 观察的同时，把学习区中儿童遇到的挑战记录下来。
- 把儿童在学习区中收获的、值得与全班儿童分享的成功经验记录下来。
- 想一想，你可以把什么材料带到班级会议上，以帮助儿童应对挑战、解决问题或者获得更大的成功，促进他们的进一步学习。
- 如果你所在班级的一日作息时间表没有把聚焦式班级会议考虑进去，那么想办法重新设计一日作息时间表。

第 3 章
确定探究线索、激发方案和大概念

本章将介绍一个长期的生成性探究课程案例——蓝草音乐探究项目。正如我们在导言中所简要描述的那样，位于美国东田纳西州的这个班级整个学年都在探索蓝草音乐。伴随着教师的"观察—记录—解释—计划—反思"等多次循环往复的工作，多条探究线索逐渐浮现出来，它们被追随并编织到一起。

所谓探究线索，是指在有教育意识的教师的谨慎引导下，儿童所追随的学习路径。它们既来自儿童的想法和兴趣，又离不开教师的思考和观察。这些不同方面的兴趣与学习均以大概念为中心，而大概念又以内容为中心（McLean，Jones，& Shaper，2015），它将不同的探究线索编织到一起。通过成功地使用探究线索，教师可以将生成性探究课程扩展至整个学年，甚至多个班级。

要想让多条探究线索随着时间的推移渐次浮现，并以一种有凝聚性的、有意义的方式连接在一起，教师可以采用如下策略：寻找探究线索，设计激发方案，编织探究线索，以及发现大概念。本章，你将学习如何使用这些策略。能够清晰地描述正在出现的探究线索以及与之相关的大概念非常重要，因为它有助于你一直聚焦于儿童的探究项目。在下面的蓝草音乐探究项目中，你将会看到探究线索和大概念是如何在课程的生成过程中发挥作用的。

发现探究线索

采用生成性探究课程的教师会回应儿童，提出挑战儿童认知边界的问题，并围绕问题设计探究激发方案。在反思有关儿童游戏的观察记录时，教师能够识别出浮现的探究线索。

儿童在游戏中面临的难题、提出的问题、想要了解的事物以及他们表现出好奇心的那一刻所发生的事情都是最佳的"信号"，表明一条探究线索正在出现

(Forman & Hall，2005)。这些重要的"信号"隐藏在师幼朝夕相处的寻常时刻和一起从事的工作中，如果没有善于观察的教师认真地记录，它们就很容易被丢失或错过。

比如，当探索蓝草音乐的儿童拨弄蓝草乐器（班卓琴、吉他、曼陀林、小提琴等）的琴弦时，教师注意到了他们的兴趣和困惑。他们拨动乐器上部的琴弦，期待听到高音，然而结果却出乎他们的意料。于是，他们的脸上露出些许惊讶的表情，而这恰恰被教师捕捉到了。儿童遇到的这个小问题，促使教师设计了许多体验活动，引导儿童研究和辨别高低音与不同蓝草乐器之间的关系。

在课程规划过程中，当你发现自己正在探寻一个越来越清晰明确的概念时，或者正在将更多的内容联系到一起时，你就可能正在追寻一条探究线索——学习的路径。比如：在研究单个的蓝草乐器和老式乐器的过程中，儿童开始使用"乐队"这个词；之后，在玩假装游戏时，儿童又声称自己是一支正在进行表演的"乐队"。于是，教师意识到，儿童的关注点已经从单个乐器转向了"一组乐器"和"一群演奏者"。由此，教师发现了一条新的探究线索——"什么是乐队"，进而围绕这条探究线索制订计划，帮助儿童找到该问题的答案。

每一条探究线索都能引发深度的探究，吸引儿童和教师深入地研究某一问题。探究线索就是情境，它可以激发儿童掌握解决问题所需的技能并挑战自己所持的理论。比如：沿着"什么是乐队"这条探究线索，儿童假装组建了一支乐队，并用仿真乐器表演；他们使用乐手人偶来创设乐队场景，还搭建了乐队演出的舞台和场所。此外，在积木区，他们延伸出了搭建"城市"的游戏，以探索他们提出的新问题——"我们在哪里能找到乐队"。这项建构活动将儿童对建筑物及其结构的研究与蓝草音乐的研究两条线索交织在一起。基于这些多样的探究经历，儿童形成了自己的思维，从而更好地表达自己关于乐队的想法。他们能具体地说出，一个常规的蓝草乐队要配备5种乐器：班卓琴、小提琴、曼陀林、贝斯和共鸣器吉他。他们还展现出空间概念知识的发展，比如城市之间的距离以及舞台的大小要与道路和汽车相协调等。

生成性课程并非自然而然发生的。教师要精心设计激发儿童探究的方案，使自己的思维紧跟儿童当前的探究兴趣，同时把握探究的方向，使其贴近儿童最初的兴趣、问题和理论。比如，当儿童认真聆听了蓝草歌曲的歌词，并把自己对歌词的理解画出来时，他们一度出现了焦点偏离的情况：从关注歌曲转向画和谈论彩虹或蝴蝶。然而，教师并没有将儿童之间的这些对话视为可以开发新项目的契机，让儿童转向研究彩虹或蝴蝶。相反，他们注意并意识到，总体上儿童仍然深深地沉浸在把歌词画出来和理解歌词的活动中。教师追踪并记录了蓝草音乐探究项目中的每一个事件，并将这些档案作为反思和规划课程的重要工具（Broderick & Hong，2011；Hong，1998）。他们追随儿童探究过程中自发产生的问题和好奇心，通过设计激发探究的方案，有意识地整合课程内容使之聚焦于蓝草音乐研究。

设计激发方案

激发方案，是指激励个体采取行动或做出回应的方法，包括材料、环境和问题等。这个术语由意大利瑞吉欧·艾米莉亚的教育工作者（Edwards，Gandini，& Forman，2012）提出，它与早期学习环境有着密切的关系。与很多受瑞吉欧教育理念启发的同道一样，我们使用这一术语来表示教师有目的地在学习区布置一些材料以引出儿童反应的做法。当儿童投入能激发其探究的材料或环境中时，他们的思维和学习将向我们揭示出潜在的探究线索。教师设计是为了支持儿童与生俱来的好奇心，促进其智力的发展并构建新的知识。在COI系统的第四阶段，教师在解释儿童的游戏并提出问题的基础上设计激发方案。当你开始尝试规划生成性课程时，你可以采用教师发起的激发方案或回应性激发方案。

教师发起的激发方案

教师发起的激发方案建立在教师预设的某一兴趣上，教师认为这一兴趣不仅能够深深地激发儿童的好奇心，还会支持他们进行长时间的探究（Wien & Halls，2018）。你可以围绕你希望跟儿童一起探索的问题来发起并设计激发方案。随着时间的推移，当你围绕复杂的概念进行规划时，儿童的投入学习所产生的回报就很容易与诸多早期学习标准和发展目标联系起来。在第8章，我们将探讨生成性探究课程是如何达成早期学习标准的。本章，我们所讨论的蓝草音乐探究项目就源于教师发起的激发方案。

1. 设计由教师发起的激发方案

有时，在新学年开始前，你的头脑中就已经想好了一些问题。这些问题可能在你进行如下反思的时候涌现出来：

- 儿童上一年的探究进程；

- 你基于自己的专业知识对儿童兴趣的评估；
- 你针对自己的教学实践提出的疑问；
- 你自己所感兴趣或抱有热情的课程内容，比如友谊或故事讲述；
- 当儿童组成了一个班集体时所呈现出来的班级文化。

瑞吉欧·艾米莉亚的教育工作者指出，他们的课程是他们的文化所特有的，无法复制。受瑞吉欧教育的启发，你也必须识别自己所在幼教机构的文化，以找到课程的可能焦点。这种文化可能是指班上儿童和家庭的文化，也可能是指当地的一种文化现象，比如，阿巴拉契亚山脉地区的蓝草音乐，或者海洋对沿海社区的影响。

因此，在选择生成性课程的焦点时，你必须要考虑儿童、家庭、教师和早期教育机构所特有的文化和经验。比如，在某所幼儿园里，2—5岁儿童绘画能力的发展成为生成性课程的焦点。这项研究为期一年，它源自教师的一项发现，即4岁和5岁的儿童也使用学步儿那样的绘画技巧——用粗线条笔触作画。这个现象引发了教师的好奇，他们更密切地关注2—5岁儿童的绘画过程，想看看每个年龄段儿童的绘画方法到底有何不同。他们质疑自己以前支持儿童绘画能力发展所采取的方法，思考要研究哪些绘画技巧，以便让各年龄层的儿童都能获得比以前更好的支持，从而促进他们发展出更为广泛的绘画技能。

2. 蓝草音乐探究项目中，教师发起的激发方案

蓝草音乐探究项目始于教师发起的激发方案。教师邀请了一名学蓝草音乐的大学生和她所在乐队的一位乐手共同为儿童表演。教师之所以如此安排是因为他们想了解如何把音乐融入课堂，以及是否有可能通过探索当地的蓝草音乐文化并将这种音乐文化与儿童的生活建立联结，增强儿童对音乐的兴趣和理解。下面这段话摘自他们的早期课程档案，阐述了他们提供激发方案的理由。

> 儿童生来就具有音乐天赋，他们对各类音乐都很感兴趣。我们向儿童介绍了各种音乐并观察到，音乐激励着儿童去尝试不同类型的动作。晨间问候、庆祝活动、一日生活过渡环节以及玩建设性游戏时都会用到音乐。因为我们所生活的美国东田纳西州的音乐资源非常丰富，儿童接触音乐的机会很多，所以我们将蓝草音乐作为课程的焦点，将儿童的学习与当地文化联系起来。

回应性激发方案

与教师发起的激发方案不同，回应性激发方案是教师设计的干预措施，是教师在儿童自发的游戏中基于观察到的兴趣和问题而做出的回应。这类激发方案综合考虑了教师对儿童所持理论的看法，以及如何规划课程以有助于儿童更深入地探索自己的理论。当你通读本书时，你将会了解教师如何围绕自己所思考的问题来制订课程计划。为了激发儿童探究的兴趣，教师会谨慎地修改问题，以使自己的课程计划最贴近儿童有关当前所研究事物的种种理论。在本章介绍的蓝草音乐探究项目中，你将会对教师发起的激发方案和回应性激发方案有初步的认识。

正如前文所述，新学年伊始，对采用生成性探究课程的教师来说，他们并不清楚生成性课程的焦点是什么。他们会像其他幼儿园教师那样，将教室划分为不同的学习区并投放相应的材料，如日常生活类材料、操作类材料、积木、沙水材料、艺术材料、读写材料等。他们还会制定具有弹性的一日作息时间表，既强调让儿童能够长时间、不间断地进行开放的建设性游戏，同时也考虑给班级会议和小组会议以及点心活动、午睡和户外游戏活动等预留出时间。

之后，教师通过观察并认真记录各个区域中儿童的互动情况来确定探索的主题。这既是对儿童与环境互动时产生的兴趣、遇到的问题和面临的挑战的回应，也是对他们日常在园生活的回应。教师会从观察到的诸多兴趣和挑战中选择一个特定的焦点，因为他们意识到所选择的内容要能为儿童提供广泛的机会来使用各种媒介进行一次长期的探索。

蓝草音乐探究项目中的回应性激发方案

蓝草音乐探究项目中，儿童在听完两位音乐家的表演后进行了交流。从教师所做的课程档案可以看出，儿童正在仔细地聆听歌曲中的歌词。

> "你们是在讲一个关于《洛基山之巅》[1]（Rocky Top）的故事吗？"贾森问道。"我认为那是一座山。"贾森说。他接着补充道："田纳西州的山。""我们住在田纳西州。"克洛又说道。玛丽把《洛基山之巅》与另一首让人产生地方感的歌曲联系起来，她说："我知道，《这是你的土地》（This Land Is Your Land）。"

---

[1] 《洛基山之巅》是一首美国乡村音乐和蓝草音乐歌曲，1967年由布莱恩特夫妇创作，同年晚些时候由奥斯本兄弟首次录制。这首歌是一个城市居民对丧失了美国田纳西州山丘上简单、自由生活的哀叹，是田纳西州八首官方州歌之一。——译者注

在一个如同音乐会的氛围中，两位音乐家面向儿童用吉他弹唱了一首蓝草歌曲。这是教师最初设计的激发方案，目的是评估儿童是否有兴趣以蓝草音乐为焦点展开探究

为了回应儿童对歌词的兴趣，教师设计了一个可以激发儿童思考歌词含义的方案。随着一张怀旧音乐光盘的播放，儿童饶有兴趣地听了多首歌曲，包括著名的《在山谷深处》（Down in the Valley）和《让生活充满阳光》（Keep on the Sunny Side）。之后，音乐家们受邀来班里访问，为儿童演唱了一首他们自己创作的歌曲《货运列车》（Freight Train），并将一张收录了他们的歌曲的光盘送给儿童听。此外，教师还在该区域摆放了一些纸和彩色铅笔向儿童发出画画的邀请。他们鼓励儿童仔细聆听蓝草音乐中的歌词，并把自己从音乐中听到的故事用绘画的方式讲述出来。吉米画了一幅"山谷"的画。教师认为，吉米的画中那条通往山丘的人行道，就是吉米对歌曲中"去旅行"一词的回应。

朱莉也画了一幅画，她在画中用灿烂的太阳和鲜花表达"生活中光明的一面"这句歌词的意思，用一棵垂死的树和地球边缘表达"生活中黑暗的暴风雨的一面"。她说："这棵树病了。"这是用一种象征和诗意的方式表征歌词。她正在描述世界的元素，有真实的，也有想象的，并将这些元素作为符号来表达她对歌曲所传达出来的快乐和悲伤情绪的解释。克洛艾则用彩色的太阳、一条铁轨、一列火车和一条包裹着太阳的隧道表达她对《让生活充满阳光》这一歌曲的理解。在她的画中，太阳由同心圆和中间的黑点组成，火车由中间交叉到一起的线条组成。"我在想货运列车，"她说，"那是阳光。"

朱莉画了一幅画，画里有明媚的阳光和黑暗的暴风雨，表征的是她从歌曲《让生活充满阳光》中听到的故事

克洛艾的画中有多彩的太阳、火车轨道、火车以及把太阳包裹起来的隧道，这幅画表征了她对歌曲《让生活充满阳光》的理解

设计激发方案的点子

在其他章节中，我们已经讨论了一些设计激发方案的方法，探讨了如何在新学年伊始布置生成性探究环境，以及如何基于对儿童的观察记录、解释和制订计划。在课程实施初期，你要允许儿童长时间地、不受干扰地玩建设性游戏，并把观察结果记录下来。以下建议将有助于你设计激发方案。

- 确定你所在地区的文化。
  - 是你班上的儿童及其家庭所熟悉的吗？
  - 会让儿童长时间感兴趣吗？
- 观察并记录在不受干扰的游戏期间儿童的行为表现。
  - 以了解他们的强烈兴趣。
  - 以了解他们所知道的一些事物，而这些事物会让你大呼意外并可能引导你设计回应性激发方案去扩展他们的认知。

编织探究线索

教师所发起或设计的激发方案，能引发新的探究线索。有些激发方案聚焦于最初参与探究的核心小组，有些激发方案则会引发其他核心小组的兴趣。编织探究线索，就是允许几条线索共存并融入一个课程轨迹的过程。以下是蓝草音乐探究项目中出现的几条探究线索（表3.1—3.3提供了更全面但没有穷尽的探究线索清单）。

1. 熟悉乐器

这条探究线索主要聚焦于探索乐器（特别是与蓝草音乐有关的乐器）是如何发出声音的以及会发出怎样的声音。在这条探究线索中发生的某些学习，可以与科学领域、音乐领域的学习标准联系起来。比如，儿童学习了如何区分不同乐器发出的声音，学会了区分曼陀林与共鸣器吉他、班卓琴、吉他或小提琴之间声音的差异。儿童了解了乐器琴弦的粗细程度对音高的影响。同时，他们还提高了辨别不同类型音乐的能力，如古典音乐、爵士音乐和民间音乐等。

2. 歌词背后的故事与含义

这条探究线索来自教师对儿童第一次听蓝草音乐所做的课程档案。儿童使用多种艺术媒介画出和表征他们对歌曲意思的理解，这一活动也给他们创造了学习艺术和读写的机会。此外，他们在绘画时相互交流，既分享了想法并尊重了朋友的观点，又发展了沟通技能和接受性语言技能。

3. 什么是乐队

在观看蓝草乐队和旧时乐队的表演录像时，许多儿童将"乐队"的概念与他们当地的文化联系起来。有几个儿童告诉教师，他们的家人会以乐队的形式演出，也会在收音机上演奏蓝草音乐。儿童也提及，他们曾亲临现场欣赏当地的蓝草音乐演出。通过这条探究线索，教师了解了儿童有关蓝草音乐的社会经验，儿童则增强了对自己文化的理解和欣赏，同时加深了与自己文化的联结。

4. 什么是演出

在积木区，教师投放了5个类似指偶的小人偶，代表5个蓝草乐队的乐手。儿童用小积木搭建了供这些"乐手"表演的"舞台"，载着这些乐手去酒店的"巴士"，以及乐队成员睡觉的"床"。

儿童的这个自发性游戏，让教师了解了儿童关于乐队表演和巡回演出方面的知识，进而促使教师在教室里搭建了一个带有仿真蓝草乐器的舞台。这类游戏也为儿童提供了另一条进行社会性学习和文化学习的途径。儿童与有乐队巡回演出经验的家人交流，然后将了解到的乐队知识分享给小伙伴。儿童之间的一些对话聚焦于"乐队"与"观众"之间的关系。有一天，当儿童把几把椅子面对教室里的舞台摆成一排时，教师意识到这是一个可以跟儿童讨论"观众"角色的好机会。儿童最终了解到，在观看演出时，观众不仅会聆听乐手的演奏，还会跟着音乐节奏翩翩起舞，跳一种他们当地传统的"扁足舞"[1]。

在由教师创设的激发性环境中，儿童展现出对表演和巡回演出的认识，因为他们用小积木为"乐队"搭建了舞台、巴士和酒店

5. 我们会写谱和读谱

一个儿童用自己发明的书写符号在三条平行线的上方写下一串"歌词"，然后边弹奏儿童吉他，边演唱自己写的"歌"。她的行为表明，她发起了一条聚焦于乐谱的探究线索。作为对儿童兴趣的回应，教师设计了一个用于书写乐谱的区域，并在那里投放了一套彩色手铃，以及一套与手铃颜色相匹配的记号笔。通过将不同颜色的记号与相对应的手铃关联起来，儿童知道这些记号是有意义的，其他人能读懂它们并用手铃演奏出来。最后，教师在书写区添加了一些看上去有点像木琴的音乐会钟，并用彩色胶带将这种乐器的琴键与手铃联系起来。这样一来，儿童就可以读自己创作的"乐谱"，并同时演奏两种乐器。一连好几个月，儿童都对这一早期读写活动兴致勃勃。相比于探索乐器的声音，他们更倾向于排列颜色模式，而这又与早期数学学习有关。

从第一年10月到第二年的5月，在这半年多的时间里，蓝草音乐探究项目中的多条探究线索相互重叠、同时进行。在这个过程中，教师围绕如下问题进行了观察、记录和反思，促使教师发起的活动和儿童发起的活动来回动态地推动着课程的发展。

- 什么时候允许儿童自主探究，不受教师的干预？
- 当发现儿童追随某一线索进行探究时，什么时候设置一个激发物来激发儿童

---

[1] 原文"flatfooting"，是美国东田纳西州的一种传统舞蹈。跳扁足舞时，舞者会做一些非常花哨的动作，且脚必须保持扁平。——译者注

一个小女孩创作了"乐谱",然后她站在教室的舞台上一边假装弹奏仿真乐器,一边演唱自己的乐谱——"Eh Day La La La La/Eh Day La La La La";作为回应,教师创设了一个区域,让儿童可以在那里创作音乐,并将其演唱出来

进行新的思考?

- 什么时候与全班儿童分享有关探究线索的信息,并帮助儿童将不同的探究线索联系起来?

图 3.1 呈现了蓝草音乐探究项目中的三个大概念,以及探究过程中依次出现的多条探究线索。每条探究线索都用不同的颜色进行了编码。图中,圆圈代表教师发起并组织的聚焦式班级会议,目的是把核心小组的思考分享给全班儿童。矩形代表核心小组正在进行的探究,通常由儿童发起,但也可能由回应性激发方案或者教师发起的激发方案所引发。在儿童发起的活动中,探究线索得以浮现。然而,正是因为教师发起的聚焦式班级会议,这些探究线索之间才能最有效地相互作用和相互滋养。正是通过聚焦式班级会议,儿童才有机会把各组独立探究的线索编织起来。

介绍蓝草音乐

探索蓝草乐队成员的乐器

蓝草音乐中的科学

辨别音的高低

辨别每一种乐器

蓝草音乐的背景

自发组成一个乐队并徒手模仿乐器，儿童的这一行为表明了他们对蓝草乐队所用乐器的了解

表征歌词的意思

图 3.1　蓝草音乐探究项目中的大概念和探究线索：每条探究线索都用不同的颜色表示，最上面标明了各自涉及的大概念；圆圈代表全班儿童参加的会议，属于教师发起的活动；矩形代表学习区中儿童发起的活动，而学习区中的蓝草音乐材料是由教师提供的，是对儿童兴趣的回应

蓝草音乐的背景

探索观众之于社区乐队的作用；观众随着音乐起舞；舞台和舞台上的表演者

乐谱

看着乐谱演奏

乐谱

用一种乐器演奏另一种乐器的音乐

图 3.1（续）

无论在哪一个探究项目中，儿童都可以利用教室里的各种材料和各个空间，对每一条探究线索进行长时间的追随。比如，有关乐谱的探索始于儿童使用记号笔来分别表征一组手铃所代表的音符。这条探究线索持续了很长一段时间，最后儿童用蜡笔和水彩来表征手铃和音乐会钟的声音。这条探究线索始于书写区，儿童将音乐创作与有意义的书写联系起来。之后，音乐创作工作走出了书写区，移步到更靠近舞台的地方。这样，儿童在创作出音乐后就可以去舞台上将其弹奏出来。于是，书写区空了出来，其他儿童可以在那里为积木区里的乐队成员创编故事。

发现大概念

大概念是一个核心框架，它将几条探究线索联系在一起（Chaille，2008）。我们可以对课程内容进行宽泛且具有包容性的分类，比如"艺术作为一种语言""我们身边的模式"等，这也是课程领域的专家们所熟知和经常使用的分类方法（McLean, Jones, & Shape, 2015）。有些幼儿教师可能已经了解某些课程领域中的大概念。大概念将课程内容构建成一个概念网络，而每条探究线索都聚焦于这一概念网络中的某个特定概念。

尽管探究线索隐藏在儿童的游戏中，但是只要善于观察和反思，随着时间的推移你总能从中发现一些大概念。在观察和规划课程的过程中，你能够识别出儿童的游戏中有哪些大概念值得探究，可以使用COI表格把儿童当前正在开展的游戏记录下来，辨别有价值的探究线索，并在恰当的时候提供激发方案。相关内容，我们将在接下来的几章探讨。在整个课程实施的过程中，这些不同的探究线索或并行不悖，或相互追随，但无论怎样都紧紧贴近儿童多样化的兴趣和理论。

教师即研究者

当你发现儿童感兴趣的话题恰恰是自己所不熟悉的内容时,不妨查阅一下与该话题相关的概念性信息,以便更好地引导儿童进行深入的探究。请记住,你的目标是帮助儿童追随他们自己提出的且与正在探究的概念有关的问题。实施生成性探究课程的教师珍视与儿童一起学习的机会,享受教师即研究者的角色。你可以通过以下途径进行研究:

- 联系并请教该话题领域的专家;
- 在图书馆查找与该话题相关的书籍;
- 在线阅读教育期刊上与该话题相关的文章。

下面,我们列举了一些大概念以及与之相关的探究线索。

- **艺术作为一种语言**。运用多种艺术材料,以便:(1)了解材料的特性;(2)交流故事;(3)展示事物(机器、风、雨)是如何工作的。
- **光与影的关系**。在自然环境和可控的环境中,分别将不同的光源照在儿童与物体的身上,以便探索:(1)影子的移动;(2)影子的消失;(3)影子比例和大小的变化。
- **我们身边的模式**。观察,以便:(1)发现花瓣的独特排列方式;(2)识别叶脉的纹理和树枝的生长方式;(3)发现建筑物中门与窗的对称和非对称关系;(4)发现墙砖图案的相同和不同之处。

核查早期学习标准的达成情况

我们建议你围绕大概念和探究线索规划长期的生成性探究课程,并将你所观察到的儿童的兴趣和能力纳入进来。然后,你可以制定一个稳定的一日作息时间表,对照你所在州和所在机构的早期学习标准,每隔两周或几周核查儿童的学习情况。核查之后,你如果发现课程没有涉及早期学习标准所列的内容,那么可以考虑以一种与班级长期探究课程相一致的方式将其整合进来。

在蓝草音乐探究项目中,教师反思了对儿童所做的观察记录,并识别出儿童参与程度最高的三个大概念。

1. 蓝草音乐中的科学探索

之所以把它作为一个大概念，是因为儿童对不断地聆听并识别蓝草乐器所发出的声音表现出了浓厚兴趣。因此，许多回应性激发方案和教师发起的激发方案都是围绕着这个大概念设计的。

两个大概念携手并进

在实施生成性探究课程的班级里，你经常会发现，两个重要的课程结构同时出现，吸引儿童参与，且两者都能得到妥善的"照顾"。比如，蓝草音乐探究活动与建构活动就是两个同时进行的课程结构。儿童探索道路、桥梁、城市和社区，并最终用小积木搭建供蓝草音乐家表演的舞台、睡觉的酒店以及乘坐的巴士，而所有这些东西都包含在儿童所搭建的"城市"之中。

2. 蓝草音乐的背景

有关蓝草音乐的课程档案呈现了儿童如何谈论在乐队当乐手的家人，如何表征和交流歌曲所传达的意思，以及他们如何在积木区为乐队搭建舞台。基于这一课程档案，教师将蓝草音乐的背景作为一个大概念。

3. 乐谱

乐谱之所以被认为是一个大概念，是因为教师观察到一个儿童创作了一首歌曲并将其演唱出来。受该行为的启发，教师设计了一个回应性激发方案——音乐创作区。在之后的好几个月里，儿童写乐谱、读乐谱并将其演奏出来。

表 3.1—3.3 展现了蓝草音乐探究项目中，在三个大概念框架下出现的多条探究线索及其持续的时间。

表 3.1　蓝草音乐中的科学探索（10 月 8 日至第二年的 1 月 7 日）

日期	教师发起的探究线索	儿童发起的探究线索
10 月 8 日	**研究蓝草音乐和旧时乐器**。邀请音乐家来园表演了一场蓝草音乐会	
10 月 8 日	**声音的科学**。表征节奏	表征节奏，以回应教师发起的活动
10 月 8 日		在第一次探索时，注意到每个乐器的高低音并表征音高
10 月 8 日至 13 日	**研究蓝草音乐和旧时乐器**。邀请儿童画自画像，把自己画成演奏蓝草音乐和旧时乐器的音乐家	
10 月 13 日	**声音的科学**。带着关于音高的问题，演奏蓝草音乐和旧时乐器	
10 月 15 日	**研究蓝草音乐和旧时乐器**。介绍乐器	
10 月 15 日	**声音的科学**。制作每种蓝草乐器的照片，让儿童把它们当作卡片玩识别乐器名字的游戏	
10 月 15 日至 11 月中旬		使用卡片识别每一种蓝草音乐和旧时乐器
10 月 17 日至 19 日	**声音的科学**。使用蓝草乐器的照片，探索哪一种乐器的音更高或更低	
10 月 15 日至 12 月 17 日		探索班卓琴的声音高低，并使这个活动持续进行两个多月
10 月 22 日	**声音的科学**。提供蓝草乐队成员单独演奏的录音光盘和蓝草乐器的照片，辨别每一种蓝草乐器的声音。当儿童听到某一种乐器的录音时，就要把代表这种乐器的照片挑出来	辨别每种蓝草乐器的声音，并使这个活动持续进行一段时间
11 月 10 日至 12 月	**声音的科学**。随着时间的推移，探索某种蓝草乐器	注意到小提琴是一种蓝草乐器
12 月	**声音的科学**。提供许多用于研究音质的材料，探索如何用箱子和弦（如大水壶、盒子、罐子、电线、吉他弦、木钉、螺丝、暗榫、积木等）制造声音	通过慢慢地和快速地拉小提琴来表现节奏
第二年 1 月 7 日	**歌词背后的故事与含义**。邀请儿童画自画像，把自己画成演奏蓝草乐器的音乐家	

表3.2 蓝草音乐的背景（10月22日至第二年2月初）

日期	教师发起的探究线索	儿童发起的探究线索
10月22日至29日	**表征歌曲的含义**。邀请儿童将所听到的歌曲和歌曲中的故事画出来	通过绘画**表征歌曲的含义**
11月18日至27日		儿童把自己所画的故事表演出来
11月3日至第二年的2月	**什么是乐队？** 教师将一组小积木放在书写区旁边的积木桌上，且每块小积木上都附着一张蓝草乐队成员正在演奏的图片	**什么是乐队？** 儿童在积木区为这些"乐手"搭建了一个舞台，这表明他们理解蓝草音乐和怀旧音乐是在舞台上表演的
11月3日至第二年的2月	**什么是乐队？** 教师将儿童在积木区中的游戏故事写下来，这不仅支持了儿童的读写能力发展，还了解了儿童有关蓝草音乐和怀旧音乐的社会与文化知识	**什么是乐队？** 儿童在积木区玩角色扮演游戏，并回答可以在哪里找到乐队和乐队是什么等问题。同时，他们表现出有关乐队如何前往酒店以及如何在公园里表演等问题的思考
11月19日	**什么是乐队/表演？** 针对儿童在积木游戏中搭建舞台和谈论乐队的行为，教师做出回应。他们将蓝草乐队表演的视频投放到美术工作室的墙上，供儿童欣赏	**什么是乐队？** 儿童认为，当蓝草乐器被一组人演奏时，它们就是乐队的组成部分
11月23日至第二年的2月	**在哪里可以找到乐队？链接儿童的社区经验和他们对城市的认知**。教师询问儿童，在城市的什么地方可以听到音乐？什么是舞台？	
第二年的1月初	**什么是乐队/舞台/表演？** 教师创设一个舞台，并在舞台上投放自己制作的蓝草乐器（适合儿童尺寸的木质仿真乐器）和麦克风	**什么是乐队/舞台/表演？** 儿童说，他们需要一个专门的区域来搭建舞台，摆放麦克风和乐器 儿童边假装弹奏仿真乐器边唱歌 儿童停止唱歌，专心地聆听光盘中播放的歌曲；当光盘播放完后，他们大声地把这首歌唱出来 儿童在舞台前面为观众摆好椅子
第二年的2月初	**蓝草音乐表演**。教师拜访卡特音乐中心（卡特家族的家和演艺中心），把正在舞台上表演的乐队、正坐在观众席上的观众和正在跳舞的观众都拍摄下来，随后回到班级将视频播放给儿童看	看到卡特音乐中心的演出视频，儿童受到鼓励不禁跟着一起跳舞

表 3.3　乐谱（3 月 2 日至 5 月）

日期	教师发起的探究线索	儿童发起的探究线索
3月2日		**我们会写谱和读谱**。儿童径直走到书写区，在一页纸上画一些横线并在横线上方写下一些字母，之后带着这张纸走到舞台上请老师帮忙拿着这张纸，她把写在上面的字母读了出来，并使用真的儿童吉他弹唱，其创作的乐谱可以读作"E DE La La La La"
3月3日	**我们会写谱和读谱**。教师邀请儿童创作音乐，并提供一套彩色手铃和一套与手铃颜色相匹配的记号笔 **我们会写谱和读谱**。教师邀请核心小组的三名儿童向全班儿童展示，如何一边读乐谱一边用手铃演奏	**我们会写谱和读谱**。儿童效仿范例，用一连串的字母和几条线来创作音乐 **我们会写谱和读谱**。有个儿童一开始只是依葫芦画瓢地用字母把手铃声画出来，然而，当她看到朋友用一个圆圈来表征一种手铃的声音时，她改变策略，用彩色圆圈取代字母创作了一串音符；另外两个儿童在这一次和接下来的几次谱曲活动中，模仿了这种乐谱创作方法
3月中旬至5月	**如何读谱和演奏乐谱**。在班级会议上，教师邀请一些儿童向同伴演示如何读谱和演奏自己写的乐谱，还介绍了一种叫音乐会钟的乐器，将它添加到手铃中，让儿童将自己创作的音乐演奏出来	**如何读谱和演奏乐谱**。越来越多的儿童有兴趣创作乐谱并用手铃演奏出来，他们还喜欢读和演奏朋友写的乐谱
4月至5月	**如何写谱、读谱和诠释乐谱**。教师向儿童介绍新的着色材料来画乐谱，如蜡笔	**如何写谱、读谱和诠释乐谱**。创作乐谱时，儿童用不同的符号表示不同的含义，比如：大圆圈表示长音，小圆圈表示短音；一个橙色圆圈套着一个绿色圆圈表示同时奏响两个手铃 擦掉和创造不同质感的符号，这一能力使儿童赋予乐谱新的含义，比如用模糊的线条表示柔和的声音

进一步反思与探究

从蓝草音乐的探究故事中，你了解到如何使用两种激发方案来拓展儿童的思维。这些激发方案随后被发展成探究线索。在蓝草音乐探究项目中，不同的探究线索可供不同的儿童追随，让他们都有机会开展与主题相关的活动，在积木区、音乐创作区、角色游戏区、音乐舞台上、艺术区等进行探究。儿童的探究行为，揭示了他们的家庭生活与音乐之间的联系，并引发了新的学习。比如，因为有家庭成员或朋友在蓝草乐队当乐手，所以儿童用小积木搭建了一个用于音乐表演的舞台。再比如，最先在班上创作乐谱并进行演奏的那个儿童，就是受其父亲在家里创作音乐的影响。了解到这一信息后，有一天，教师邀请这位父亲来园为全班儿童演奏。安吉是一名来自中国的小女孩，整个秋天，她大多数时候是在倾听别人说英语，自己很少能够连贯地发言。然而，她却是班上第一个将自己创作的乐谱一字不落地唱出来的孩子。

本章引入了"大概念"这个术语，作为一个框架，它将众多探究线索编织起来。通过锲而不舍地对蓝草音乐探究项目中出现的多条探究线索进行梳理，教师确定了三个大概念。此外，他们还持续地评估新出现的线索与这三个大概念之间的联系。

蓝草音乐探究项目的成功来源于多个因素。首先，学习活动与儿童的日常生活相关，并调动儿童的思维和智慧参与其中。这项长期探究活动将儿童与其所居住的地区联系了起来。在该地区，蓝草音乐和怀旧音乐非常盛行，不仅电台上会经常播放，而且有三个城市每周都会有蓝草音乐的街头表演。其次，教师把师幼之间的互动记录下来，这些档案资料为教师发起探究和做出回应指引了方向，让教师能够有目的地根据不同儿童的家庭背景、个人能力和知识水平进行课程规划。在第4章，我们将讨论，如何从有目的地观察和细致地记录入手开启生成性探究课程之旅。

要想更深入地思考如何找到探究线索、形成激发方案和识别出大概念，你可以试试如下建议。

- 回忆一下，你能否想起这样的游戏片段，即儿童运用同样的语言和想法反复地玩自发性游戏。将这一游戏中有变化的部分列出来，并试着用一个大概念将这些游戏经验编织到一起。
- 鼓励儿童围绕他们感兴趣的话题进行对话，并让儿童主导对话。仔细倾听，把他们对话的细节记录下来，稍后反思哪些细节有可能发展成不同的探究线索。

第4章
有目的地观察

在长时间地观察儿童后,教师被儿童的智慧和好奇心鼓舞着、启发着,并想方设法地顺应和强化儿童好奇的天性。正是这种对儿童自发探究的兴趣,促使教师走进生成性课程。教师希望通过观察儿童的游戏来为他们规划有吸引力的、有意义的短期或长期的项目课程(Forman & Hall,2005;Gandini & Goldhaber,2001)。如何规划课程以推动儿童的游戏和学习不断地向前发展,这对教师来说是一个巨大的挑战,因为人们期待教师能够将观察到的信息与儿童的能力发展和学习内容的增加匹配起来,以确保儿童符合发展里程碑。本章聚焦于观察儿童以规划生成性探究课程。它从观察儿童的自然游戏入手,带领你迈出课程规划的第一步。

教师密切地观察儿童,并将儿童游戏的细节记录下来

观察、解释儿童游戏的意义

在实施生成性探究课程的教室里,课程的向前推进取决于你如何组织环境、空间、时间、材料以及如何互动来回应儿童的思维。回应儿童的第一步,就是对

儿童自然曲折的游戏过程进行观察，探究儿童的兴趣、需要和思维，寻找重要的时刻（例如冲突、问题、错误认识），从而理解"这个游戏之于儿童的意义是什么"。为了引导儿童探究以及回应儿童的探究目的，教师可能需要对材料、提问和师幼互动做出调整，然而教师所做的任何调整都应建立在理解儿童的观点和意图（即思维）的基础上。可是，儿童的思维是无法被观察到的，我们唯有通过思考、解释儿童行为的意义去推断他们的思维，因而这又是一个主观的心理过程。为了使课程规划既基于儿童的思维又能拓展儿童的思维，我们需要对所做的观察记录进行解释。

对你而言，以一种主观的方式对待观察记录可能是一件新鲜的事情。毕竟很多针对幼儿教师的培训项目都把观察视为一种评估儿童发展里程碑的客观方法，主张使用各种检核表和逸事记录，而不鼓励主观地解释儿童的游戏。

儿童通常不会将自己游戏时的想法或者行为背后的原因说出来，因此要从活泼的孩童的视角去解释他们的游戏是一件很复杂的事情（Carter，2018）。这就要求幼儿教师自身具有高度的同理心，并以开放的态度接纳儿童的经验。本章所要讨论的议题是，如何依靠精准的观察记录解释儿童游戏背后的思考。然而，那些刚刚接触生成性探究课程的教师常常会说，他们在解释儿童游戏的意义时会感到不知所措，因为他们以前一直被告知不要主观判断。学着理解儿童的思维，这让他们感到很陌生。正如梅格老师所说：

"我们学习这些标准化测量工具，以了解我们为什么要对儿童抱有期待。然后，我们把符合这些期待的行为记录下来。我们没有观察到儿童正在做什么，却要学着用标准化工具解释我们所看到的一切。这完全是一种反着的做法。"

为了设计生成性探究课程，我们需要撰写详细的观察记录。它不仅可以用来解释儿童的思维，还可用于评估儿童的发展。下面这个简短的案例摘录自一份较长的观察记录，它记录了4名儿童在户外玩扮演恐龙的游戏。

达伦跟在一位老师后面跑了一圈又一圈。当老师帮助另一个孩子时，达伦走到栅栏前，开始摇晃它。老师问他："你想不想过去和那边的小伙伴一起玩呢？"达伦看了老师一眼，然后朝着乔恩所在的地方走去。他从地上捡了一些土壤覆盖物，把它们放在树桩上，假装要把它们吃掉。接着，他开始喊叫起来，乔恩含糊地喊回去。之后，达伦一把抓住乔恩的手，乔恩也顺势去抓达伦的手。

通过这份观察记录，教师可以评估达伦的粗大动作技能符合其年龄段目标，也可以根据他愿意听从教师的建议来评估其认知能力。当然，仅仅根据他在其他儿童身边大喊大叫，教师还不足以对达伦的社会交往技能做出评估，可能需要做进一步观察。不过，在接受了如何解释儿童游戏意义的相关指导之后，该教师可能会给出这样的解释：达伦之所以跟着老师，也许是为了吸引老师的注意；达伦通过像恐龙一样大喊大叫，成功地被同伴接纳，加入了他们的恐龙角色游戏。

或许，教师还想花更长的时间观察这两个儿童，看看他们到底是不是真的对扮演恐龙感兴趣，或者他们的行为是否与他们想让自己变得强壮有力有关。在观察的过程中，教师也许还会发现其他的可能性。

我们建议你从貌似有意义的且儿童正全身心投入的游戏入手进行观察和记录，并解释儿童游戏的意义。稍后，回顾游戏，把游戏对儿童发展的影响记录下来。在第 8 章，我们将探讨生成性探究课程是如何达成早期学习标准的。

生成性课程规划中，教师思考的重要性

教师只能观察到儿童正在做什么和说什么，注意到他们语言和行为的细节。观察到儿童正在做什么、关注什么或说什么，有助于我们洞悉儿童的目标、策略，以及他们用什么理论来解释当下吸引他们的现象（Carter，2018；Curtis，2017；Forman & Hall，2005）。然而，你无法看见儿童头脑中的所思所想。你的解释只是你自己的想法，是你自己对儿童思维的思考，它们也只是一种假设。生成性探究课程重视你的思考，因为你决定着要观察、记录和解释什么，并在此基础上对环境做出简单的调整，从而挑战儿童，促使他们在所从事的游戏和探究情境中达到新的学习水平。

当上述过程关乎儿童的兴趣、智力和社会性需求时，你不妨把观察的焦点放在长期参与某一游戏的儿童身上。由于这些儿童不一定会跟你谈论自己为什么要玩这个游戏，也可能不知道如何跟你交流游戏行为背后的原因，因此你有必要通过观察更好地了解其游戏的意义。

观察影响教师对儿童游戏的指导

教师要基于观察做出深思熟虑的调整。这样的调整有助于引导儿童的游戏

沿着自然的进程发展，将儿童的关注点重新拉回到他们似乎不再感兴趣的事物上来，抑或吸引他们进入另一个能够满足他们需求的游戏情境（Curtis，2017）。

比如，在某一个班级里，教师注意到几个 3 岁儿童手里拿着汽车在教室里不停地兜圈子，假装正在移动汽车或开汽车。于是，教师决定紧紧追随这些儿童的兴趣和意图设计一个回应性激发方案，通过对学习环境进行调整来扩展儿童的思维。教师将一张大纸贴在一张长桌上，并在旁边放了一个装有黑色颜料的调色板，旨在通过促使儿童用黑色颜料拓印汽车行驶的轨迹，将儿童的思维聚焦在他们的动作所产生的结果上。之后，教师邀请儿童将汽车轮子放到调色板上蘸一些黑色颜料，然后把车放在大纸上移动。儿童不停地让汽车沿着环形的轨迹开，于是大纸上就"拓印"出了一条黑色的道路。这个探究活动将儿童关于汽车运动的思考与路面联系起来，"拓印"出来的道路，连同"停车场"以及儿童根据自己的经验表征的建筑物，最终都成为"城市"这个建构项目的组成部分。

如同不断扩展的"道路与城市"项目，教师对材料或社会性环境所做的任何能够影响儿童游戏复杂性的调整，都能激发儿童的探究兴趣，并开启生成性探究。尽管生成性探究课程可以引导探究活动不断地深化，但是教师如果缺乏对儿童行为和行为目标的细致观察与解释，那么将阻碍儿童的持续探究。因此，上述案例中，教师并没有贸然行动，而是在观察了很长一段时间后，才决定通过调整环境去改变儿童一味开着汽车在教室里绕圈跑的行为，将儿童的游戏与思维引到一个新的方向。虽然教师并不清楚儿童在长时间操作汽车玩具的过程中是否在进行深度学习，但是教师确信她们新创设的情境将会抓住儿童的兴趣，拓展他们的思维。这些教师的细致观察和解释，引导儿童以一种新的视角探索自己的思维。

在该生成性探究课程的开展过程中，教师记录了儿童在多个发展领域的学习，并将它们整理到儿童的成长档案袋中，其中包括以下内容。

- 物理科学：操作物体以得到预期的效果，并观察它所引起的反应。
- 符号能力发展：通过运动、对话、建构活动及假装游戏，表达想法和情感。
- 语言：获得与道路、颜料、社区有关的新词汇，同时发展对话能力。

对规划生成性探究课程的教师来说，最初必须经历的一个步骤是练习细致地记录并解释观察结果。但是，教师们并不总是很清楚观察时应该记录些什么。COI 观察记录表将有助于教师将观察记录与对记录的最初解释联系起来。

COI 观察记录表：记录什么

当你决定关注儿童的言行以理解他们的兴趣、需求和思维时，生成性探究课程的规划过程也就开始了。你可以采用附带照片的连续书面记录或者由视频转录成的文字，把所观察到的儿童言行信息填写在 COI 观察记录表中。在附录 1 中，你可以找到空白的 COI 观察记录表。在进行书面记录时，要客观地描述儿童的动作，同时要把儿童的动作与语言区分开，比如把动作描述内容放在括号内。使用这一技巧的好处是，再次阅读观察记录表时，你能迅速地把儿童的动作与语言区分开。在采用视频进行记录时，你通常需要把对将来规划课程最有用的视频片段抽取出来并转录成书面文字。需要注意的是，在进行文字转录时，你要标明该段视频的起止时间。

在刚开始进行游戏记录时，教师通常更关注儿童的发展性行为、个性特征、可能存在的发展限制或突破性发展。记录儿童用剪刀剪东西的能力，对教师制订促进该技能发展的计划有帮助，但无助于教师为促进儿童的探究能力来制订计划。因此，当你观察儿童的游戏进程时，应该重点关注"儿童是如何思考的"，并想象他们的游戏目的。尽量将那些承载着丰富的游戏内容并能说明儿童想要继续探索的游戏经历记录下来。当你发现，儿童在游戏中想要探索某一特定的想法时，要紧紧追随他们。当儿童的游戏从一个地方移到另一个地方时，如果它与你之前所做的观察存在着有意义的联系，那么你也要紧跟他们的脚步一起移动，并把游戏细节记录下来。有时，你甚至需要从头到尾追踪该游戏的进展。为了更近距离地观察，较为明智的做法是与搭班教师共同制订一个观察计划。这样，一位教师可以专注于观察儿童的探究行为，另一位教师则负责为班级里的其他儿童提供支持。当需要做更深入的观察记录时，有条件的幼儿园可以聘请别的教师，或邀请父母、祖父母及资深的社区成员自愿来园作为外援。

如果对话过程中没有太多儿童对该主题做出回应，或者你所观察到的游戏行为在接下来几天的活动中都没有继续出现，那么你就需要重新进行选择了。可以继续寻找那种貌似能长时间地吸引儿童注意的游戏，也可以设计一个激发方案，创造一次学习机会，从而把一组儿童的注意集中在该主题或者你发现的另一个值得探究的主题上，了解他们对该主题的更多想法和思考。

通过 COI 观察记录表，我们可以对游戏所涉及的内容做出多样化的解释，并将其作为课程规划的依据，以扩展儿童的思维、知识和经验。

备注

在进行观察记录的初期，要尽可能让你的思维开放且发散。实施生成性探究课程的教师喜欢以头脑风暴的方式思考课程发展的多种可能方向，这是一个发散式思考的过程。发散性思维是创造性思维的一个特征。在第6章，我们将探讨如何密切地关注儿童在游戏中的各种思考方式，从而为头脑风暴过程做好准备。

在课程建构的早期，最重要的事情是把你的观察记录与你对"儿童所知、所想和所表达的意思"的即时性思考（合理的猜测）联系起来。你可以将这些最初的思考写在COI观察记录表中的"备注"一栏。这些主观的解释与问题，将你的观察记录与儿童的思维关联起来，之后在对儿童的游戏进行更深入的解释时，你还可以重新审视它们（相关内容请参见第5章）。一般而言，当通过建构课程来追随儿童的思维、扩展儿童的知识时，教师提出有价值的问题比给出问题的答案更重要。许多教师也会把儿童的建构作品或者建构过程画下来，作为对观察结果进行反思的一种方式。

保持备注的开放性和发散性

表4.1是COI观察记录表的局部示例。在这张表格中，教师对要记录的内容做出了明确选择，她仔细捕捉积木区游戏中儿童的动作与语言细节。其中，"备注"一栏聚焦于教师对儿童思维的思考。这些备注或解释揭示了儿童的多个发散性想法，而这些想法又能被开发成若干个探究活动，并最终被有意义地联系起来成为探究线索。比如，在表4.1的三次备注中，教师指出：儿童正在思考道路的构成部分、道路通向不同的地方，以及道路有不同的形状。

表4.1右侧方框中的红色文字是这位教师和她的同事稍后写下的。在一次深入的课程规划会议中，当她们使用另外两张COI表格进行课程规划时，她们又重新审视了之前所做的观察记录（即表4.1），并识别出了这些话题。每一个话题都是一条探究线索，教师为每条探究线索设计了激发方案，从而引导儿童开启一个历时几个月的探究活动。因此，本学年，这个游戏被拓展成了多个学习机会，并持续了好几个月。在本书第5章和第6章，我们将探讨如何重新审视观察记录来进行深度的课程规划。

表 4.1　COI 观察记录表的一部分，"备注"一栏聚焦于对儿童思维的发散性解释

姓名	描述	备注	
本	道路上有一些标记，画这些标记是为了让它看起来像一条路（在路中间画上记号）	儿童正在思考道路的不同构成部分	道路的结构
本	道路是给汽车开的，有了道路，车就不用在草地上开了（为他的道路画上直线）		
扎达	我在画我家的房子和道路，我家附近的交通很拥挤（画出她家的房子）		
凯文	我在画城市，城市里有很多建筑物（指着我们的城市图片）		
乔琳娜	我的路通往扎达的家（指着她的朋友扎达）	她们意识到，道路通向不同的地方	
本	道路是为汽车而建的，有了道路，汽车就可以开到不同的房子。道路上有交通信号灯，红灯代表停止，黄灯代表减速，绿灯代表前进。交通信号灯告诉汽车该做什么，这样它们就不会相撞了	这个儿童理解交通信号灯的概念	道路的用途；交通信号灯和道路使世界秩序井然
扎达	我的路通向乔琳娜的家（指着乔琳娜）		
乔琳娜	因为我住在田纳西州的沃托加，所以我的道路上有座桥（画了一个形状来表示桥）	他们正在思考道路的不同结构	
本	也许，道路通向银行或杂货店	他们再次意识到，道路通向不同的地方	
乔琳娜	有一条河通到我的家，还有一座桥可以让我们的汽车在上面开（指着桥的位置）		
本	如果没有道路，我们就得坐飞机，因为飞机不需要道路（继续画他的城市）	他们正在思考不同的交通方式	形形色色的交通工具
凯文	这条路通向机场（继续画他的道路）		
凯文	如果道路上没有画线，汽车就不知道往哪里转弯（在自己的道路上画上线）	这个儿童正在思考道路的不同用途	
扎达	我的路是直的（画直线）	这表明，儿童意识到道路有不同的形状，并通往不同的方向	方向
乔琳娜	我的路是弯弯曲曲的（用双手做出弯曲的动作）		

（表4.1 续）

姓名	描述	备注
凯文	汽车必须去加油站"喝点"汽油，汽油让汽车开动起来	
本	因为有交通信号灯，所以人们可以在路上走	

> 机器带有人类的特点：要喝点东西补充能量

了解 COI 观察记录表

COI 观察记录表（见附录1），既能引导初次接触生成性探究课程的教师进行聚焦式观察，又能为那些在实施生成性探究课程方面富有经验的教师提供一个系统，以支持他们更好地组织记录过程。这张表格共有三页，用来填写书面观察记录和插入与观察内容有关的照片。它仿照常用的连续性观察记录表，包含与观察者、观察日期、参与者和所观察的区域等有关的标识性信息。不过，与常用的连续性观察记录表不同，COI 观察记录表中增加了"备注"一栏，记录观察者对儿童游戏意义的最初思考（解释）。无论是进行书面记录还是使用视频记录，COI 观察记录表都会提示你，要把观察到的客观行为细节与你对儿童所持理论和知识的最初思考联系起来。本节将向你介绍 COI 观察记录表的详细信息。

COI 观察记录表顶部的标识性信息

1. 标签

标签是一种组织、搜寻和检索信息的工具。未来，当你需要重新翻阅观察记录以进行课程规划时，它可以帮助你快速地找到你所需要的文档材料。标签的内容是与观察内容密切相关的大概念或探究线索。在表4.2中，标签的内容是"研究垃圾焚化炉与回收利用"这一大概念。而在聚焦于道路游戏的表4.1中，教师所标记的大概念亦即标签的内容为"最初在积木区进行的道路游戏"。在道路游戏案例中，随着游戏的发展，观察记录表中的标签也发生了变化，增加了一些与当前具体的探究线索有关的标签。

* 积木区中的道路游戏：发展中的社区
* 艺术区和读写区中的道路游戏：画道路，绘制道路地图，讲述有关道路功能的故事
* 积木区中的道路游戏：探索桥梁的结构和用途

表 4.2　COI 观察记录表

标签：研究垃圾焚化炉与回收利用		日期：
观察者：克里斯蒂娜·拉弗尔和弗雷达·沙塔拉		

区域：探究性项目区
参与者：缪斯，瑞安，哈桑，J.D.，马修，塔蒂亚娜，雷纳托，法特梅
环境布置：与每个项目小组分享的视频（存放在探究性项目区的笔记本电脑里）

通过记录儿童的动作和语言，我们将讨论的重点放在有关儿童思维的证据上，并使有关儿童思维的讨论去私人化（瑞吉欧研究小组）。

姓名： 区分教师与儿童的名字	描述： 动作——（放在括号中） 语言——不放在括号中	备注： 就儿童的行为和语言的意义进行提问。比如：为什么他们这样做/说？他们知道些什么？

2. 观察日期

记录日期，以便追踪儿童探究活动的进展。

3. 观察者

记录具体的观察者。不同的教师记录游戏、解释游戏的风格不同，而这将会对课程规划产生影响。因此，注意到每个人的解释对课程进展的影响非常有益。你可以和搭班教师制订观察计划，以便其中一人能走近从事探究项目的儿童进行聚焦式观察和记录，另外一人去照管其余几个学习区。

4. 区域

记录观察所发生的区域，指出它是在教室、建筑物或操场上的什么地方。对区域的了解将会影响你未来的课程规划，因为当你非常清楚这个特定区域所具有的可供性（提供了资源并给出了明确的使用建议）或缺点时，你就能很好地回应儿童的关注点。

5. 参与者

记录所有参与探究的儿童的名字，以确定每个儿童在探究过程中所发挥的作

用和影响。

6. 环境布置

观察之前，你要详细地描述材料的布置方式。这一点很重要，正如第 1 章所述，环境和材料对儿童游戏的许多方面都有强有力的影响。此外，当你再次浏览观察记录时，环境和材料也会引导你理解儿童游戏的意义。在表 4.3 中，关于环境布置是这样说明的——"与每个项目小组分享的视频（存放在探究性项目区的笔记本电脑里）"。

书面观察资料

1. 左栏：姓名

按照游戏和互动发生的顺序，写下每个儿童或教师的名字。必要时，也可以在这一栏注明时间。一般情况下，你不需要进行时间编码，除非有时间取样的要求，或者观察记录是从视频转录而来，为了便于将来回看这段视频，你要把这段视频的具体时间记录下来。

- 在对视频进行编码时，最好将被转录的那段视频的起止时间记录下来（例如，00:03:21—00:10:12）。你不需要转录整个视频，只需要将有助于你实现意图（即解释游戏，以规划课程）的重要视频转录成文字。
- 将教师与儿童区分开，这样做既能让你在重新翻阅观察记录时更轻松地提取信息，也能直观地看到儿童的思维与教师的思考之间的关系。一种简单的区分方法是进行颜色编码。教师在书写观察记录时，可以使用荧光笔或加粗的字体进行颜色编码。表 4.3—4.11 用加粗的字体表示教师的姓名。表 4.4 中没有加粗的名字，这表明观察的教师没有口头介入此次谈话。

2. 中间栏：描述动作和语言

记录参与者的动作和语言。记录时将动作和语言区分开，这样再次翻阅观察资料时你就会更容易地提取信息。当你想从被观察的儿童或成人的角度去解释游戏的意义时，这样的记录方式也能帮助你更清晰地看到动作和语言之间的关系。儿童思维的很多细节都是通过他们的行为表现出来的。通常，当儿童沉浸在活动中时，他们很少说话，因为他们的行动已经占据了他们的全部注意。当我们观察不会说话的婴儿和学步儿时，我们会发现思维与动作之间的关系尤其明显。

你要捕捉和描述足够多的细节，使不在场的人也能通过你的观察记录很好地理解儿童游戏的意义。在 COI 系统的这个阶段，你的任务是从儿童身上寻找信息，探寻他们想要通过对话和行动表达什么意思。引导语最好是开放式的，不对结果进行预设，只是想了解儿童对这个话题的看法。如果你发现儿童对预设的话题没有反应，那么你要做的是确保你们之间的互动是开放式的，并给予儿童充足的时间做出真实的反应。另外，多花一些时间观察儿童的建设性游戏经验，以发现和了解他们的更多想法。

3. 视觉性档案资料：照片或视频

虽然教师仅凭照片并不足以规划生成性课程，但在书面观察记录中附上照片则能帮助教师回想起该游戏中儿童的参与水平。只看照片，教师回忆不出太多的细节，因为虽然照片可以触发我们的记忆，但如果没有游戏现场的书面记录或视频，许多重要信息就会被我们遗忘。

通过多次回放视频，教师可以重温儿童的游戏，察觉到更多的游戏细节，这是现场书面记录所不能比拟的。使用视频的最大好处是，你无须把注意力放在书写上，在拍摄视频的同时可以更仔细地倾听儿童说话。

可以把照片和视频放到 COI 观察记录表中书面记录的最后，也可以将它们插到相关的书面记录和备注那里，就像本章中的克里斯蒂娜和弗雷达老师所做的那样。你要练习蹲下来以儿童的高度拍摄，捕捉他们的视角、思维过程以及使用材料的技能或策略。

4. 右栏：备注

如前所述，"备注"一栏可供记录你对儿童游戏的最初思考和解释。儿童的动作和语言是什么意思，他们为什么会有这样的言行，以及他们知道些什么，有关所有这些问题的疑问和思考，你都可以写在"备注"栏。你如果感兴趣，还可以把自己画的儿童建构作品或建构过程放在"备注"栏，作为对所观察内容的一种反思。

- 观察完毕后立即写备注，或者尽可能在游戏活动结束后马上把它们写下来。同时，你要对此时此刻脑海中浮现的各种想法保持开放的态度，因为这些想法对你之后的课程规划很有价值。
- 多次重温这些备注，以便进行修改和完善。重温观察资料有助于教师深入挖掘这些资料，并从多个角度以多种方式审视它们。例如，表 4.1 中，"机器需要喝点东西来补充能量"就是教师在重新翻阅观察记录时想到的一个新话题。

教师重新审视 COI 观察记录表中的观察资料，并做出多元解释

- 与搭班教师交流，分享并形成对观察资料的多元解释，这有助于教师意识到自己以前没有考虑过的解释视角和观察信息。同时，这一过程也拓展了教师的发散性思维能力。例如，表4.1 中所呈现的关于交通工具和道路的思考，代表了教师对儿童游戏的多元解释，也使教师获得了扩展儿童探究活动的点子。而这些深入的解释就是两位教师在观察了儿童的游戏后一起讨论形成的。

使用 COI 观察记录表：从垃圾焚化炉项目中获得学习

为了指导你在实践中运用 COI 观察记录表，本节列举了一个案例。在这个案例中，克里斯蒂娜和弗雷达两位实习教师合作记录了儿童对垃圾车和垃圾焚化炉的认识过程。整个探究过程经历了三次循环，每一次循环都代表教师经历了一次使用所有 COI 表格的过程。在表 4.3—4.11 中，你将会看到不同的循环用不同的颜色来表示：黑色表示探究循环 1，红色表示探究循环 2，蓝色表示探究循环 3。

通常，教师会首先对儿童的相关探究经验进行多次观察和记录，然后运用本书所介绍的其他 COI 表格（思维解释表、课程行动计划表、探究激发方案设计表和反思性评价表）进一步规划课程。接下来几章，我们将了解这些表格的具体使用过程。现在，让我们跟着克里斯蒂娜和弗雷达的脚步，看看在垃圾焚化炉项目中她们是如何填写 COI 观察记录表的。

需要注意的是，垃圾焚化炉项目历时三个月，本案例中的三次探究循环只是该项目的早期阶段。因为克里斯蒂娜和弗雷达实习的时间只有一个学期，所以她们只能在这个时间范围内指导儿童开展生成性探究。事实上，通常由正式教师指导的长期生成性探究项目通常几乎可以贯穿整个学年。

表4.3 克里斯蒂娜和弗雷达的观察记录（探究循环1：第1页）

标签：研究垃圾焚化炉与回收利用	日期：
观察者：克里斯蒂娜·拉弗尔和弗雷达·沙塔拉	

区域：探究性项目区
参与者：缪斯，瑞安，哈桑，J.D.，马修，塔蒂亚娜，雷纳托，法特梅
环境布置：与每个项目小组分享的视频（存放在探究性项目区的笔记本电脑里）

通过记录儿童的动作和语言，我们将讨论的重点放在有关儿童思维的证据上，并使有关儿童思维的讨论去私人化（瑞吉欧研究小组）。

姓名：区分教师与儿童的名字	描述：动作——（放在括号中）语言——不放在括号中	备注：就儿童的行为和语言的意义进行提问。比如：为什么他们这样做/说？他们知道些什么？
缪斯 瑞安	1/5 这是垃圾焚化炉的梯子。 那是焚烧垃圾的地方（把叠叠乐积木放置在建筑物周围）。这是警报器，是为了提醒人们有需要时可以来丢垃圾。	他指的是哪一部分？
	1/8（小组活动时间，观看垃圾焚化炉的视频） 环境布置：在探究性项目区的笔记本电脑上播放视频	
霍尔曼夫人 哈桑 J.D. 缪斯	垃圾车开到哪里去？ 开到垃圾站。 开到每户人家。 这是一个垃圾场，我想人们会管它叫什么地之类的。这是抓斗，它可以把垃圾抓起来。操作时最难的部分是必须用操纵杆。	研究垃圾填埋场和抓斗的工作原理，观察操纵杆。
霍尔曼夫人 哈桑	回收利用是什么意思？（暂停视频） 当一样东西旧了，他们就把它变成新的东西。	哈桑理解"回收利用"的概念。
马修 缪斯	你需要把它放到回收箱回收利用。 你把旧的、用过的东西重新做成新的东西。	对回收箱很熟悉。 缪斯理解"回收利用"的意思。
塔蒂亚娜	我们把它放在一个回收箱里。我们把它放在外面。	儿童熟悉"回收利用"的概念以及一些能够回收的东西。将这一概念引入探究活动，有助于加深儿童的理解。
霍尔曼夫人 缪斯 哈桑 M.J.	你在家里回收什么？ 纸。 我回收了一个牛奶瓶。 叶子。	
霍尔曼夫人 哈桑	关于垃圾焚化炉，你了解到什么？（视频结束后） 所有的垃圾都会被扔进火里。	堆肥吗？

表 4.4 克里斯蒂娜和弗雷达的观察记录（探究循环 1：第 2 页）

雷纳托 马修 缪斯	吊车会把它吊起来。 把垃圾丢进大垃圾堆里。它着火了，然后，我们就可以开灯和关灯了。 我知道它会变成蒸汽。	电。 蒸汽是什么？他知道蒸汽是如何形成的吗？
	1/8（下午的探究活动：用可回收材料进行建构） 环境布置：在探究性项目区，将一袋子可回收垃圾打开，与小组儿童分享，并开启对话 	
缪斯	我们要制作一个垃圾焚化炉，我想做一个抓斗。	
雷纳托	（指着瓶子）把这些运到火里去。（指着塑料容器）这个可以用来做抓斗。它看起来就是这个样子的（他把它放到传送带上）。	
缪斯	（把垃圾放进抓斗里，假装用抓斗把垃圾抓起来）好了，它在传送带的进料斗里了。把它放到火里烧过后，就会留下一堆灰。（他和伊恩把垃圾都放在传送带上）现在，这些都变成灰了！这里很多垃圾都变成灰了。	缪斯能够回忆起垃圾被送到垃圾焚化炉焚烧的大概过程。怎样才能帮助他了解更多的细节呢？
马修	它变成光了！	研究电。
3 个男孩	（他们把空纸巾筒放在塑料袋下面当传送带）	怎样才能制造一条真正的传送带呢？
雷纳托	（拿出一个纸巾筒，把它挂在饮料瓶上，做了一台吊车）	怎样才能造出一台吊车呢？ 儿童能很好地解释自己画的画。我们希望他们能添加更多的细节，并最终建造一个垃圾焚化炉的模型。

表4.5 克里斯蒂娜和弗雷达的观察记录（探究循环1：第3页）

1/12（画垃圾焚化炉／搭建垃圾焚化炉）
环境布置：在艺术区投放纸、笔和用于搭建垃圾焚化炉或传送带的积木

瑞安　（画画）这是一辆垃圾车，它会把垃圾送到垃圾焚化炉。

缪斯　（解释他的画）这是垃圾车，这是垃圾填埋场；然后，这是抓斗；然后，这是火钳；然后，送到进料斗。

1/13（建造垃圾焚化炉）
环境布置：在探究性项目区，将一袋子可回收垃圾打开，与小组儿童分享，并开启对话
（所有儿童一起制作一条垃圾传送带。）

缪斯　我想做一个抓斗，这样我就可以把垃圾抓起来！

呈现出合作。

拉弗尔女士　传送带是如何工作的？

我们该如何进一步探索这个概念呢？

瑞安　你得按一下按钮。
（搭建了一辆运灰车，假装垃圾变成灰，然后变成电）

1/15（画垃圾焚化炉／搭建垃圾焚化炉）
环境布置：在艺术区投放纸、笔以及用于建造垃圾焚化炉或传送带的积木

哈桑　自卸卡车装着垃圾，抓斗抓起垃圾，然后向上升，把它们放到进料斗里。垃圾掉下去了。那个大家伙把垃圾推到火里，垃圾就变成了灰烬，然后变成烟。它可以发电和照明，于是我们就可以开灯和关灯了。

哈桑很清楚整个流程。

塔蒂亚娜　（画在大楼里工作的人）
缪斯　砖头更结实，木根倒了。
雷纳托　我做了一只抓斗，它把卡车上所有的垃圾都抓起来了。

怎样才能建得结实而牢固呢？

表4.6 克里斯蒂娜和弗雷达的观察记录（探究循环2：第1页）

瑞安 法特梅	我在搭建一个小垃圾焚化炉。 我想让我的（垃圾焚化炉）很高。垃圾被扔进火里了。	迷你垃圾焚化炉模型。

	1/27 重温垃圾焚化炉视频/K-W-L[1]表（小组探究活动） **环境布置：在艺术区投放纸、铅笔以及用于建造垃圾焚化炉或传送带的积木**	
拉弗尔女士	关于垃圾焚化炉，你知道什么？	
瑞安	垃圾车开到家里，把垃圾带到垃圾焚化炉，然后烧掉。	
缪斯	我知道，抓斗会降下来把泡沫抓起，然后放到进料斗里。	
伊恩	我知道，抓斗会降下来，把垃圾抓起来，然后丢到进料斗里。	
J.D.	抓斗把垃圾扔下来，传送带把垃圾送去燃烧。	
米切尔	垃圾焚化炉把垃圾收集起来，把它们烧成灰。	
塔蒂亚娜	我记得，抓斗会摇晃，把可回收的瓶子抓起来。它不断地升起放下，升起放下。	下一步呢？抓斗是怎样工作的呢？
雷纳托	我知道，抓斗会降下来抓垃圾。	
马修	抓斗抓起垃圾，把它直接放进火里。	错误的概念，跳过了传送带传送垃圾的步骤。
丹尼尔	垃圾被放进火里。	
拉弗尔女士	在看视频之前，你们有什么问题吗？你们想知道些什么呢？	
缪斯	我想知道这些垃圾是如何变成灰的。	
J.D.	抓斗是怎么移动的？	

---

[1] "know-want to know-learned" 的缩写，译为"已经知道什么—想要知道什么—最终学到什么"。——译者注

表 4.7　克里斯蒂娜和弗雷达的观察记录（探究循环 2：第 2 页）

伊恩 塔蒂亚娜 雷纳托 J.D.	我不知道抓斗是怎么移动的。 我想知道抓斗是怎么工作的。 我想知道抓斗是怎么抓垃圾的。 ＊这里有很多不同的垃圾桶（观看视频中的垃圾桶时），它们的形状都不一样。那是什么？（抓斗把金属从灰烬中抓起来）它看起来像一个盒子（将可回收材料放在一起）。那是钟表（温度仪）。	＊研究漏斗和进料斗的工作原理。
	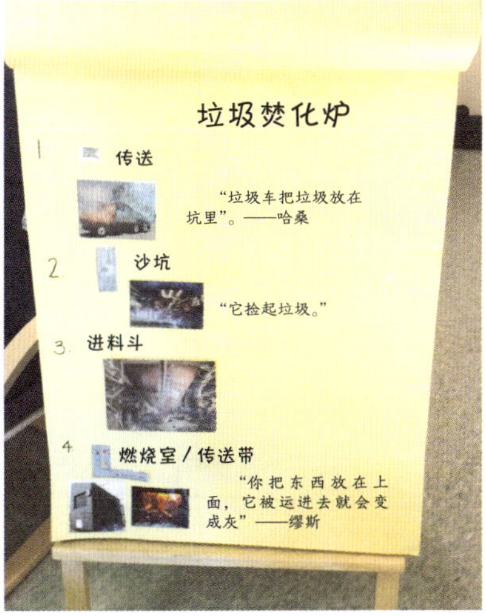 ![垃圾焚化炉示意图][1]	
拉弗尔女士 缪斯 瑞安 J.D. 伊恩 塔蒂亚娜 马修 丹尼尔 拉弗尔女士 塔蒂亚娜 马修 雷纳托 丹尼尔	看了视频后，你知道了什么？ 我知道，它们是怎么把垃圾变成灰的。它们把垃圾放进火里（做推的动作）。我最喜欢抓斗。 我知道什么时候烧垃圾。 吊车捡起垃圾，然后把它们送到进料斗里。我最喜欢吊车。 我知道吊车是怎么移动的，吊车是我最喜欢的部分。 我知道，抓斗上下移动，把垃圾抓起来放到进料斗。然后，垃圾进入隧道，然后，盒子里装满了垃圾。 它进入垃圾车工厂。垃圾焚化炉进行清理，然后，它就进入喷火的进料斗。 垃圾进入火中，变成灰了。 你还想知道些什么？ 进料斗。 垃圾焚化炉清理干净，抓斗升起来，将垃圾放进喷火的进料斗。 垃圾车倾倒垃圾。 垃圾车。	 抓斗实际上是如何上下移动的？

[1] 图中内容已从英文译为中文。——译者注

表 4.8　克里斯蒂娜和弗雷达的观察记录（探究循环 2：第 3 页）

	1/29 再次观看垃圾焚化炉的视频／K-W-L 表（第二个探究小组）*K-W-L 表中拥有其他所有记录的信息 环境布置：在探究性项目区投放照片和图表	
沙塔拉女士	关于垃圾焚化炉，你们知道什么？	
詹姆斯	它们把它抓住，然后又放掉。当这里堆了一大堆垃圾的时候，抓斗就会放下来。一个人坐进去，把车开走。	
哈桑	抓斗把垃圾放入进料斗。垃圾往下掉，被什么东西推进火里，然后变成了灰烬。	
沙塔拉女士	你们以前在哪儿见过漏斗？也许在沙池？	
哈桑	我见过！	
沙塔拉女士	为什么要加空气进去呢？（在观看燃烧室部分的视频时提问）	试图将进料斗与儿童使用漏斗的经验联系起来。
詹姆斯	空气可以让火烧起来。	
阿里	在空气的推动下，火烧得更旺了。	点火的视频？我们真的能在学校里这样做吗？
沙塔拉女士	电是什么东西？	
瑞安	它能让东西运转。	
雷纳托	它能让东西打开和关闭。	对！
沙塔拉女士	你在什么地方看到过电？	
法特梅	灯！透写桌！	
哈桑	台灯。	
沙塔拉女士	台灯是怎么亮起来的？	
哈桑	白色的电线把灯连起来。	哈桑之前了解过电线和电路方面的一些知识。
沙塔拉女士	你们还想知道什么？	
哈桑	进料斗。	
詹姆斯	抓斗。	
法特梅	在垃圾车里面，抓斗是怎么工作的？	
阿里	垃圾车。当它坏了时，他们怎么修理它？	
米拉尼	它的组成部分是如何工作的？	
马修	要多长时间？（指整个过程）为什么灯会熄灭？	*把"为什么灯会熄灭"这个问题加到 COI 问题表中。

表 4.9　克里斯蒂娜和弗雷达的观察记录（探究循环 3：第 1 页）

	2/3 探索手持式垃圾夹（第一组儿童） 环境布置：在探究性项目区域投放手持式垃圾夹和垃圾	
缪斯 J.D. 哈桑 缪斯	我在处理垃圾的视频里看过这个东西。 这是垃圾夹的嘴巴（指着垃圾夹）。 它把垃圾放在推进器里——进料斗。 这个太胖了！（把管子夹起来）	
哈桑	当你按下去时，它会打开又关闭。	哈桑所注意到的正是我们希望儿童想要进一步探索的因果关系。
J.D. 缪斯 缪斯和哈桑	小一点的夹子更容易打开。 我把它们接到一起了。 （用垃圾夹传递瓶子）	
J.D. 哈桑 瑞安 缪斯	（堆材料）这是垃圾。 这个太胖了。（用力把垃圾推到一起） 我是大夹子。 要把垃圾运到进料斗。你只要把它住后拉就行了。它控制着垃圾夹，这样你就可以把东西抓起来了。让我们把垃圾都搬到这里来。	他说的"控制"是什么意思？
伊恩 法特梅 詹姆斯	我们在堆（垃圾）。 夹子在夹垃圾。 把它们送到烤炉里（把垃圾放上去，而不是夹上去）。	这个烤炉是燃烧室吗？

表 4.10 克里斯蒂娜和弗雷达的观察记录（探究循环 3：第 2 页）

伊恩	我一次夹两个东西。	
伊恩和雷纳托	你把它往上拉时，它就合上了。	
法特梅	打开，关闭，打开，关闭。夹子正在夹东西（转移东西）。	
伊恩	现在，垃圾变成灰了。	
雷纳托	离这里远点。这是进料斗，它很危险，底部有火。	提前思考下一步流程。
教师	它像那个大抓斗吗？	
缪斯	它们都能抓东西。	
雷纳托	它看起来更大更好，它能抓更多的东西，这些只是假的抓斗。	儿童能够将这些垃圾夹与抓斗联系起来。
法特梅	这些垃圾夹很小，你可以夹紧它们。	比较垃圾夹的"夹紧"功能与抓斗的"抓起"功能。
雷纳托	垃圾夹把它们抓起来放到进料斗里。	
马修	（拿着一只带有垃圾夹的篓子，用它来转移垃圾）	
教师	它是怎么工作的？	
马修	推这里，它就合上了。	
教师	但是距离这么远，它怎么能合上呢？	
马修	这个金属的东西，它穿过它。然后，它就合上了。	马修知道它自己不会合上，需要一些东西来连接它。
雷纳托	（摇晃它来搬运垃圾）哔，哔！快递！	
J.D.	（上下拉动操作杆）它能让垃圾夹打开和关闭。（指着垃圾夹）这是垃圾夹的嘴巴，它什么都吃。	
	2/3 课后回顾（小组时间） **环境布置：** 在探究性项目区投放图表 你是怎么想的？怎么做的？	
M 老师		
瑞安	我把它打开，却不能把粗的管子夹起来，因为它太胖了。	
缪斯	我发现，如果我把垃圾夹放到瑞安的口袋里，我就能抓住它。	

表4.11 克里斯蒂娜和弗雷达的观察记录（探究循环3：第3页）

哈桑 缪斯	我们两个人可以用拉圾夹相互传递管子。 我的这个拉圾夹比别的拉圾夹结实，我把它合起来就能把东西夹起来。	
詹姆斯	我按下按钮让它启动，这个按钮把垃圾推进火里。	
法特梅	垃圾夹可以打开和关闭。打开，夹起垃圾，再合上。	
	2/5 探索手持式垃圾夹（第二组儿童） **环境布置：** 在探究性项目区投放手持式垃圾夹和垃圾	
塔蒂亚娜	我推黑色部位，它就打开了（用两只手按下操纵杆）。	
S老师	（把拉圾夹打开，向儿童展示黑色部分是怎么动的）它是怎么动的？	
塔蒂亚娜	黑色的部分上下移动！它（管子）很大，它将被放入进料斗。	问题解决得太棒了！
马娅	（转动拉圾夹从里面抓起大管子，而不是从外面抓起）	在下一次活动中，要引导儿童研究错误观念，看看拉圾夹内部到底有什么。
瑞安	你得慢慢夹，从侧边夹。	
雷纳托	它来来回回，打开又合上。当你把它拉回来时，它就合上了。如果你不拉它，它就会开着。	
S老师	你觉得，拉圾夹的里面有什么？	
瑞安	木头。	
雷纳托	或许我们把它拆开就知道了！	
豪伊	齿轮。	
伊恩	长长的东西。	
瑞安	（用拉圾夹夹起垃圾，并摇摇晃晃地把它举过自己的头顶）	瑞安记得垃圾焚化炉视频中大抓斗的动作。
S老师	抓斗和拉圾夹有什么不同？	
豪伊	抓斗有更多的东西（钳子）。	
雷纳托	小拉圾夹夹起的东西少些。	
哈桑	抓斗可真大。	
S老师	垃圾焚化炉的视频中，抓斗是怎么移动的？	
哈桑	工作人员操作它。抓斗被降下来抓起垃圾。工作人员按下按钮。他们使用手柄。（他演示操作手柄的动作）	探索抓斗的操纵杆和手柄。
伊恩	（举起拉圾夹，径直伸下去夹垃圾，然后摇晃着把垃圾移到旁边放掉）真正的垃圾焚化炉只有一个抓斗。	伊恩正在模仿垃圾焚化炉视频中抓斗的动作。
缪斯	抓斗更大一些，所以它能夹起更多的东西。	

COI 检核表

COI 系统自带检核表，以便你在 COI 过程的每个阶段都能识别和评估自己的技能发展情况。检核表能够促进幼儿教师元反思能力的发展，使他们清晰地描述自己的做法，并提供证据来支持自己的行为以及将一种解释与另一种解释整合到一起。检核表可以为幼儿教师、园长和研究人员所用，以学习规划并实施生成性探究课程。通过使用 COI 观察记录检核表（见附录 1），你可以判断自己是否已收集了足够的信息来解释儿童的游戏，并设计下一步探究活动。

COI 观察记录检核表

我们将根据 COI 观察记录检核表来审视克里斯蒂娜和弗雷达所填写的 COI 观察记录表。

1. 资料的数量和性质

在克里斯蒂娜和弗雷达所做的观察记录中，她们根据以下标准提供了很多详细的游戏片段，且每一个片段都具有深刻的意义。

（1）**你所记录的细节足以解释这个游戏片段吗？**本案例中，两位实习教师记录了儿童对垃圾处理和回收问题的几次探究。每次探究循环的记录材料，都是教师经过数天的观察收集到的。在 COI 观察记录表中，你可以看到两位教师每次是如何记录观察时间的。这使得她们在必要时可以连续观察几天，以追踪探究过程的进展，并收集大量适宜的观察资料，为进入 COI 的下一阶段做好准备。

当两位实习教师注意到儿童游戏中自发出现的话题时，她们就开启了记录过程。儿童假装捡拾垃圾，并把垃圾放到焚烧的地方，他们将这个地方称为垃圾焚化炉。为了评估儿童的已有知识和兴趣，两位教师提供了一个关于垃圾焚烧的视频，以扩展儿童之间的对话。在这次聚焦式会议上，教师将一组儿童的探究想法分享给全班儿童，并进行记录。

本案例中，观察资料的最终来源有两个：一是，儿童设计和建造垃圾焚化炉的过程；二是，教师为核心小组提供了再次观看录像的机会，让儿童加深了对垃圾车和垃圾焚化炉各部件功能的认识。当教师聚焦于概念上彼此相关联的一系列游戏并从中收集观察资料时，他们就更有可能理解儿童行为的目的。克里斯蒂娜和弗雷达意识到，儿童运用想象力来使解决方案（比如用垃圾夹把垃圾夹起来）

和新概念（比如火转化成像光一样的能量）可视化的能力越来越强，而这也是本次探究项目涉及的众多与该年龄段儿童早期学习标准有关的概念之一。在第8章，你将看到克里斯蒂娜和弗雷达如何通过这些游戏识别出儿童达成了多个州立早期学习标准。

（2）你记录了相关联的事件来描述一个有意义的游戏片段吗？本案例中，相互关联的事件是由两位实习教师精心策划的。第一次观察时，儿童玩垃圾与垃圾焚化炉的游戏给教师带来了灵感；第二次观察时，教师提供了观看短视频的机会，使儿童的讨论聚焦于对垃圾焚化炉的认识上，同时引发儿童产生一些新的想法。接下来的探究和回顾环节让儿童得以将自己的想法应用到垃圾焚化炉的搭建上并进行整合，而儿童的这一能力也达成了早期学习的认知发展和科学标准。克里斯蒂娜和弗雷达把儿童的游戏和讨论记录下来，直到所收集的信息足以对儿童的思维过程进行描述和解释。

（3）即使儿童从一个地方转移至另一个地方，你也对相关事件进行追踪观察吗？这个游戏从积木区转移到探究性项目区，然后又转移到书写区，之后再回到探究性项目区。克里斯蒂娜和弗雷达记录了儿童的持续游戏过程，将儿童这几天的各种想法和探索融入进来。从COI观察记录表的记录顺序看，她们在班级的很多区域都进行了观察，并记录了与垃圾和垃圾焚烧有关的活动。

（4）你有没有在观察记录表中附上照片或视频片段？视觉性档案有助于教师详细地描述以下观察到的游戏细节。

- **儿童的角度**：上述案例的每次探索活动中，两位实习教师都至少捕捉了一张照片作为证据来支持COI观察记录。所有的照片都聚焦于儿童的行为，并表明教师正站在儿童的角度思考。这些照片也展现了儿童参与的深度。

- **儿童的思维过程**：克里斯蒂娜和弗雷达没有通过拍摄很多照片来把儿童的思考过程一步步地展现出来。比如，在儿童画垃圾焚化炉的时候，她们没有从头到尾把整个过程都拍摄下来。但是，她们拍摄了儿童的很多行为，展现了每个儿童的参与和策略运用情况，比如把塑料袋排成一行以表征一条又长又直的传送带，或者用垃圾夹捡垃圾和运垃圾。

- **儿童使用材料的策略或技巧**：本案例中的照片展示了儿童正在运用自己的双手或工具操作物品。这些时刻揭示了他们的操作策略。当儿童绘画垃圾焚化炉的时候，教师推近照相机的镜头去捕捉他们绘画作品的细节。

- **儿童的情绪情感**（如果有必要）：本案例中的许多照片展现出儿童对自己工作的高度专注。

2. 资料的准确性和易用性

本部分内容将帮助你在规划课程时轻松地阅读观察资料。

（1）**你把对话和动作区分开了吗？** 克里斯蒂娜和弗雷达将儿童的复杂动作放在括号内，从而将动作与对话区分开。这使得她们能够很轻松地浏览自己所做的 COI 观察记录，发现动作和对话对儿童思维的影响。

（2）**你把教师和儿童区分开了吗？** 在本案例中，观察者在记录时使用正式的名字作为教师的标识，如霍尔曼夫人、拉弗尔女士等。在那些习惯直呼教师名字的班级里，可以用颜色编码来区分教师和儿童，比如用蓝色代表教师的名字。

（3）**你有没有发明记录复杂行为或作品的方法？** 这两位教师在记录儿童之间的复杂互动时使用了一种策略，即记录游戏的名称和每一个游戏片段的日期。当她们把在不同日期收集到的观察结果记录在同一张 COI 观察记录表上时，她们用圆括号和加粗字体来标注游戏的日期和名称，还把每次游戏发生时的环境信息记录下来。

（4）**你是否将观察到的重要过程和作品清晰地描述出来？** 克里斯蒂娜和弗雷达清晰地描述了儿童的探索过程与结果，并按照游戏发生的顺序和讨论展开的过程把整个情节转录成文字。许多描述侧重于儿童的动作和语言表达的细节以及该游戏中的因果关系。

3. 关注儿童的思维和你自己的思考

"备注"一栏，是让你把观察时头脑中产生的想法，以及你对所关注事情的疑问和推测初步记录下来的地方。

（1）**你把推测和思考从观察记录中分离出来了吗？** 在案例中，连续性观察记录的主体部分没有出现解释性语句。克里斯蒂娜和弗雷达把她们的推测写在备注栏里，明确地将其与主体部分区分开。

（2）**你把儿童的行为与他们可能的目标或理论联系起来了吗？** 这里有几个例子可以说明教师对儿童的游戏目标和所持理论的思考。在 1 月 5 日的第一次探究循环中（见表 4.3），教师们接纳了儿童关于垃圾填埋场的游戏想法，也承认他们对这个话题进行研究的必要性。在 1 月 8 日的第二次观察中，两位教师注意到了儿童关于垃圾是如何进入垃圾焚化炉的理论。在 1 月 8 日的第三次观察中，她们进一步意识到儿童渴望理解垃圾焚烧过程中涉及的相关概念。

（3）**你考虑过与前面的游戏情节链接吗？** 在观察时，克里斯蒂娜和弗雷达有意识地将观察焦点放在儿童的想法上。关于这一点，我们可以从她们促进并记录儿童的垃圾回收、视频观看、垃圾焚化炉绘制以及用可回收材料建造垃圾焚化炉的活动中明显看出来。一连好几天，教师都有意识地围绕相关内容将这些游戏情节链接起来。

（4）你把自己的问题当成规划课程的点子，以拓展儿童的思维吗？当克里斯蒂娜和弗雷达重新翻阅观察记录时，她们提出的问题可能成为接下来与儿童一起探索的内容。这些问题拓展了儿童当前的知识和思维。

进一步反思与探究

本章向你介绍了有目的地观察并把观察到的细节认真记录下来的重要性，因为这是开发长期的生成性探究课程的依据。第 5 章，我们将迈入 COI 课程规划的下一步。在继续下一章的学习之前，我们建议你花点时间练习观察与记录儿童的技能。你要搞清楚观察什么，以及在进行书面记录、拍摄照片、录制视频或音频时捕捉哪些细节，以便为更深入地解释儿童游戏的意义做好准备。

为了深入反思如何更有目的地进行课堂观察，你不妨尝试如下建议。

- 看看本章关于观察方面的信息哪些对你而言比较新颖，罗列出来并与搭班教师、教学团队或园长一起讨论。
- 将本章有关记录方面的新信息罗列出来，并与搭班教师、教学团队或园长一起讨论。
- 浏览一下你在课堂中所使用的各种观察方法，比较它们与 COI 观察记录表的相似之处和不同之处。之后，与搭班教师、教学团队或园长讨论本章内容将会对你的观察实践产生怎样的影响。
- 与搭班教师、教学团队或园长讨论，你将如何从对儿童游戏的初步思考（解释）中获益。
- 与搭班教师、教学团队或园长讨论当前你是如何使用照片的，以及在未来的实践中你使用照片或视频的新方式。

第 5 章
解释儿童的思维

儿童的思维如何引导课程的发展？COI 系统的每个方面都需要你对这个问题进行思考。你的解释，将你对儿童游戏的描述与你对儿童思维的思考联系起来。通过这些描述，你会理解"儿童正在想什么"（Carter，2018；Wien & Halls，2018）。这些描述通常会出现在教师们观察后的闲谈中，也就是她们兴奋地分享自己所注意到的事情时。本章介绍了 COI 思维解释表，它要求你重视反思性思考和共享性对话，将它们聚焦于观察记录中你认为有意义的内容，并运用叙事的形式记录下来。撰写叙事故事有助于你反思和更好地理解儿童的思维，并基于儿童的视角规划课程（Carter，2018；Curtis，2017）。当你练习这一写作方法时，你将会从观察资料中获得更多的想法和思考。

教师的解释：教师对儿童思维的思考

你要从观察记录中找出能最有效地拓展儿童思维的行为，比如，儿童基于现有的知识运用某种策略实现自己的目标。这些策略给儿童的行为赋予了意义，比如，莉齐正在她称之为"肚子"的画上画影子，她一边画，一边对一起作画的老师和小伙伴说，关掉灯，影子就进入她的身体里了。莉齐的行为源于她正在头脑中思考："当房间非常非常暗的时候，我为什么看不到影子？"她的绘画基于两方面的认识：一是，在非常黑的房间里，她看不见自己的影子；二是，当灯被打开的时候，影子就附着在她身上。儿童的行为表明，他们相信世界是以一种特定的方式运行的——在某些情况下可能如此，但在另外的情况下则不然。当你将儿童的行为理解为策略时，你就可以把这些行为视为儿童正在思考的迹象。尽管你只是在做推测，但是只要保持开放的心态，你就能针对儿童的思维形成一系列理论和问题（Forman & Hall，2005；Silveira & Curtis，2018）。解释儿童思维中的

教师们通力合作，一起回顾并解释COI观察记录表中的观察资料

许多细节有点像头脑风暴，这是一个发散式思考的过程。这些解释可以引导你去干预和挑战儿童的理论。

课程规划的目标是使用材料、指导语或提问进行干预，从而让儿童以挑战自己思维的方式去行动。这种自我挑战的过程正是建设性游戏的核心（DeVries et al.，2002；Duckworth，2006；Fosnot，2005；Jones，2012）。我们在进行干预时要让材料、指导语或提问足够微妙，让儿童觉得自己就是权威和游戏的主人，愿意在探索中、在与同伴进行对话时挑战自己。当你把关注点放在儿童正在发展的理论或所持的观点时，你要考虑如何创造机会以检验或扩展他们的思维（Wien & Halls，2018）。儿童可以通过反复地试验来获得新知。比如，为了拓展莉齐关于影子的思考，教师采取的第一步措施是创设环境以激发其探索。教师在一个区域中投放如下材料：一盏固定的、供儿童安全开关的灯，一个侧面带有一扇"窗户"的大箱子，以及三块厚度不同、可以覆盖在"窗户"上的材料。儿童可以通过操纵箱子内外的光线，探索影子的位置。

解释儿童的行为目标和达成目标的相关策略

儿童的行为和话语对你来说是有意义的，因为它们揭示了儿童的发展水平、个性特点、情感需求、兴趣爱好及关于世界的知识和理论。在开发生成性探究课程时，应该把关注点放在如何更好地理解并扩展儿童关于世界的知识和理论上面。同时，要习惯于推测儿童的思维方式——"儿童之所以这么做，是因为他们头脑中有一个目标或有一个达成这个目标的策略"（Carter，2018；Forman & Hall，2005；Wien & Halls，2018）。

概念式课程设计与主题式课程设计

为了理解从概念的角度设计课程与从主题的角度设计课程有何区别，我们不妨看这样一个例子。在某一间教室里，几个儿童利用他们在积木区找到的恐龙玩具，投入地玩起恐龙游戏。对儿童使用恐龙这一行为背后的思维缺乏密切关注的教师，也许会立即认为恐龙就是儿童行为的对象。她将探索恐龙视为儿童的一种兴趣，于是就想当然地引入建造恐龙栖息地的活动。相反，另一位教师则试图理解儿童的行为。她将儿童行为的细节记录下来，比如，他们如何使用语言、"咆哮"声和动作来表现恐龙的"庞大"。她假设，"庞大"是儿童头脑中正在思考的一个概念。她由于对此并不是很确定，因此提供了几本关于恐龙的科普类书籍邀请儿童翻阅，包括百科全书。

之后，儿童的对话和行动似乎再次表明，他们更有可能是被这些生物的"庞大"外形吸引的。他们用积木建构他们口中"高大而强壮的恐龙"。同时，书中一张恐龙爪子的图片引起他们的注意，促使他们展开了一场关于恐龙爪子大小的热烈讨论。他们想知道，相比自己的指甲，恐龙的爪子到底有多大。因此，"庞大"和"比例"成为该教师进行课程设计的焦点，她想帮助儿童拓展和探索与这些概念有关的思考和理论。这两位教师的不同之处在于，前者聚焦于主题进行课程规划，后者则聚焦于概念进行课程规划。显然，后者所规划的课程建立在儿童所持理论的基础上。

也许"力量感"是这些大型生物带给儿童的另一个兴趣点，就像儿童假装自己是超级英雄一样。在这种情况下，教师可以引导儿童思考他们对"力量"和"权威"的看法，以及相比强大的成人，他们在世界上所扮演的是什么角色等，而不是制定一套笼统的规则去禁止超级英雄游戏或权力游戏。例如，一位兼任园长的幼儿教师与4岁的儿童一起研究什么是"坏人"，她发现，在长期探索"坏人"和"好人"概念的过程中，他们之间所开展的丰富对话有助于儿童将自己晚上入睡前所涌现出的不良情绪表达出来。这个举措使教室里的"坏人"游戏逐渐减少。

克里斯汀是美国弗吉尼亚州一所幼儿园的园长，该园一直在践行瑞吉欧的教育理念。在第一次使用COI思维解释表后，她进行了反思。她认为，为了避免课程设计主题化，真正设计出与儿童的行为目的相一致的课程，我们非常有必要对儿童的行为进行仔细的解释。

我认为，在探究循环中，解释儿童的思维是大多数幼儿教师容易忽视的部分。儿童行为背后的原因是什么？他们正在想什么？他们正在质疑或试图弄清楚什么？这些问题是探究循环中的重要支点，也是课程开发的关键。COI 思维解释表是一张最重要的表格，需要我们花时间反思儿童的行为和想法。虽然这个过程很耗时，但在课程开发过程中，这部分才是真正的重点，也是形成探究问题的关键……我想，很多幼儿教师可能认为自己抓住了儿童探索的本质，并由此衍生出一个主题式课程，但却没有真正反思自己是不是对儿童的思维进行了解释。

对很多教师来说，用叙事的方式描述他们认为"儿童正在想什么"是一种非常新鲜的体验。浏览有关儿童行为及游戏的观察记录，并推测儿童的思维过程，这对他们来说也是一项有点难度的工作。原因如前所述，教师们所接受的培训就是进行观察记录时要保持客观的态度，主观解释是大忌。蒂娜是一名早期教育专业的研究生，当被要求解释儿童的思维时，她表达了自己所面临的挑战。

老师们所接受的培训是记录时不要带有自己的想法。我们被告知要客观地记录所看到的情况，而不是记录我们所想到的内容。从某种意义上说，我们被要求不要思考为什么。我认为，确实需要花点时间重新培训教师，让他们对自己所记录的内容进行反思，让他们试着弄明白儿童的想法。教师应该多想想"为什么"，而不是"是什么"……应该从"他们为什么要这样做"，而不是"他们正在做什么"的角度思考儿童的工作。我认为，这是教师们在观察和记录儿童的活动方面面临的最大挑战。

珍妮特是一名幼儿教师，她也指出关注儿童行为背后的原因很重要。

我观察到一个小男孩用砖块搭建了一座建筑物，之后他将一颗弹珠从斜坡上滚下来撞击建筑物，但是建筑物没有倒塌。这个小男孩继续搭建建筑物，并再次滚动弹珠，依然得到相同的结果。于是，我意识到，这个小男孩的目的不是把这座建筑物撞倒，而是搭建一座不会被滚落下来的弹珠撞倒的建筑物。如果我没有观察这个小男孩，也不对他的想法进行反思，我就绝对想不到这一点。

COI 思维解释表：记录什么

当你对刚刚所观察记录的游戏有一些想法并产生与他人分享的冲动时，或者当你有机会重新翻阅自己所做的观察记录时，你需要在 COI 思维解释表上把自己的思考记录下来（见附录2）。当你叙述儿童的游戏时，你的头脑中就会浮现该游戏中有意义的事件，要把它们快速地写下来，并将它们组织成一个具有可读性的好故事：（1）有主题；（2）有简短的背景介绍；（3）聚焦于推动故事发展的事件。为了有助于之后的课程规划，叙述时要基于观察到的细节，并从这些细节中看到儿童正在使用的特定策略。你不一定总能辨别出他们使用的策略是什么，但是可以努力猜测或者假设一个激发方案，这将有助于进一步探索儿童的思维，超越对"是什么"的关注，而聚焦于"为什么"。叙述时，要使用大量的描述性语言，这样就可以识别那些看起来很重要的行为。同时，在叙述时要捕捉自己对儿童思维的猜测，从而直抵儿童理论的核心，举例如下。

- 我想，他们之所以这么做就是因为那个。
- 当他们做这件事或那件事的时候，他们是正在思考这件事或那件事吗？
- 为什么他们认为自己的行为是合理的？
- 我认为他们的目标是什么？
- 我觉得他们想看到什么发生呢？

当你认为儿童正在使用一些知识或理论来实现某个目标时，你就可以把他的行为解释为策略（Forman & Hall，2005）。如果你将行为仅仅解释为儿童兴趣的象征，那么这些行为可能表明儿童当前的发展领域，或者儿童的一种特定兴趣、一种情感或社会需要，抑或一种个性特质。你能注意到这些非常好，但是这些兴趣通常会引导你围绕一个话题构建主题式课程。这个话题可能会在一段时间内引起儿童的兴趣，偶然挑战一下儿童关于世界（或自己）的理论和知识，却不太可能引发儿童的深入探索和拓展他们的思维。

撰写故事的策略

教师可以在观察过程中捕捉自己对儿童游戏的解释，并将其写在COI观察记录表的"备注"一栏，但是要想真正理解儿童游戏的意义，教师通常还需要与同伴进行对话。在这些愉快的对话中，教师们既能发现儿童的聪明才智，又能对自己的教学实践有所认识，这赋予了他们工作的热情和活力。这些合作性对话通常以教师会议的形式进行。在会议中，搭班教师或教师团队对所做的观察记录反复地进行讨论。

在对话时，为了节省时间，我们建议当某位教师讲述时，另外一位教师负责把她的解释记下来。之后,当轮到这位记录者讲述时,再把笔传给另外一位教师继续记录,依次进行下去。在对话的过程中同时进行记录,意味着你不需要回过头来再记录这些想法,也就节省出宝贵的时间去规划课程。

了解 COI 思维解释表

使用 COI 思维解释表记录与你的搭班教师的对话,对话的内容包括:你们观察了到什么,以及你们对儿童的行为目标、策略和所持理论的假设。与 COI 观察记录表一样,本表也包含标识性信息,即标签(指出了大概念或探究线索),以及观察的日期。本表只要求提供解释者的姓名。此外,它包含上下两部分。

上半部分:推测儿童正在做什么和想什么

在 COI 思维解释表的上半部分,你可以进行叙事性描写,将你对所观察到的事情有何感想记录下来,并按照故事线来描述事件的顺序。你也许会发现,从描述发生了什么事情开始,你就没有停止对儿童言行背后之原因的思考。在回忆观察到的事件时,你要放慢速度,尽可能多地描述细节,因为每一个细节都可能代表儿童使用的不同策略,蕴含着拓展儿童学习机会的可能性。为了记录你对"儿童为什么会玩这样的游戏"和"他们如何玩游戏"这两个问题的思考,不妨在叙述中插入这样的语句,比如"我认为,他们之所以做 x,是因为他们正在思考 y",或者"动作 x 似乎代表了儿童的想法 y"。

填写这份表格的目的是让你开始学习发散式思考,从尽可能多的角度对所观察到的儿童游戏进行解释,试图确定"儿童可能正在想什么"以及"他们知道些什么"。因此,在进行叙事性描述时,你可以将其写成对儿童游戏的一系列解释。表 5.1 呈现了教师对观察到的 3—5 岁儿童的蠕虫探索活动所进行的多元解释。

在这些解释中,浮现出了几个可用于规划下一步行动的大概念,比如不同动物的移动方式、特定的动物或人类某些身体部位的功能,以及动物对环境的适应等。

此外,这些教师在解释过程中也提出两个大概念:一个是移动与生命之间的关系(不动就表示死了),另一个是环境的保护作用,比如,地球让人们免受日晒雨淋——在很大程度上,地球的这个功能与房子对儿童和他们的家庭所发挥的作用一样。

教师与儿童一起探索蠕虫

表 5.1　COI 思维解释表之儿童的蠕虫探索故事

标签：　　　　　　　　　　　　　　　日期：
解释者：

推测儿童正在做什么和想什么

请记住，在下面的方框中，你要寻找正在出现的、最有可能推动游戏朝着儿童探究的方向发展的线索。你正在为解释你的所见所闻描述一个情境。

尽可能用**描述性语言**告诉读者，你认为这是一个什么样的游戏。随心所欲地写。在描述时，可使用诸如"我认为，他们之所以做 x，是因为 y"之类的语句进行**推测**。

儿童开始游戏了，他们用手触摸蠕虫，还把它们放在钢化玻璃桌上。他们之所以这样做，可能是为了控制蠕虫的移动。儿童明白，如果他们改变蠕虫的位置，就可能对它们的身体移动产生影响。我想，儿童可能知道，蠕虫尽管不会发出声音，但它们会用身体表达自己的感受。儿童也开始对蠕虫移动的原因进行假设，因为他们能够描述蠕虫如何以及为什么移动到不同的地方。儿童还利用因果推论来支持自己的假设，在摆弄蠕虫时，他们或大声地对老师说出自己的推论，或在心里默默地想着。此外，儿童还模仿蠕虫的身体动作，因为他们对当一条蠕虫是什么感觉很好奇。显然，儿童在玩假装自己是蠕虫的游戏。

下半部分：从儿童的角度思考

COI 思维解释表的第一部分对儿童的游戏进行了描述，这一过程会让你的思绪慢下来，从儿童的角度进行思考。在 COI 思维解释表的第二部分，你需要对儿童的思维做更深入的思考，把你认为也许能代表儿童内心的思考或内部语言的语句添加上去。比如，下面这段话就是垃圾焚化炉项目中，教师对儿童操作垃圾夹时其内部语言的解释。

> 我看到金属部件从底部伸出来。我按一下手柄，它就动了。当它动的时候，抓斗就合上了。我想，是金属部件让抓斗合上的。

上述内容是克里斯蒂娜和弗雷达对儿童思维的假设。像这样试图感同身受地将儿童内心的想法"虚构"出来并不是一件容易的事，但可以帮助教师尽可能地接近儿童的想法和目的。

你要把自己想象成正在体验那个游戏的儿童，去感受他在游戏中的感觉；同时，作为一名知识渊博的成人，你要推测儿童的思维正在如何运转——也就是说，作为一名回应性观察者，你要表达自己对游戏的看法（Baker & Davila, 2018; Silveira & Curtis, 2018）。再次翻阅观察记录时，你要让自己始终觉得，你真的不知道儿童的思维是如何运作的。当你解释某个儿童的思维时，请考虑该儿童的思维与其所参与的小组之间的动态关系。

请记住，儿童并不是为了达成抽象的标准而努力的，标准只是成人的检核表。儿童的行为只受他们自己的想法驱动。你需要认真考虑，是否需要就儿童正在探索的领域积累扎实的相关知识。这样，你才能提供更好的激发方案以引导他们的思维向前发展。当然，这可能需要你自己参与到研究中。

游戏时，儿童能毫不费力地将头脑中的很多想法或松散或紧密地联系、编织到一起。作为成人，你所看见的也许根本不是儿童头脑中所想的东西。因此，在整个课程规划过程中，你需要训练自己去探索儿童的视角。比如，你看到的是儿童正在用黏土塑形，事实上他们可能是在测试黏土材料的性能。再比如，你看到的是儿童正在很兴奋地扮演恐龙，实际上他们可能是在享受当"庞然大物"的感觉。你要努力地引导你的成人心灵去探访孩子的心理世界。

使用COI思维解释表：从垃圾焚化炉项目中获得学习

本节将回顾克里斯蒂娜和弗雷达所完成的COI思维解释表（见表5.2和表5.3），并将其与COI思维解释检核表（见附录2）联系起来。两位教师所做的解释建立在她们对垃圾焚化炉项目的观察记录基础上。我们将追随她们的三次探究循环,以帮助你理解在课程规划过程中上一张表格与下一张表格之间的关系。为了便于区分,这里的第一次探究循环用黑色字体表示,指在进入解释阶段之前对儿童所做的为期10天的观察;第二次探究循环用红色字体表示,是对前8天的观察所做的解释;第三次探究循环用蓝色字体表示,是对后2天的观察所做的解释。在进行解释之前,到底需要进行多长时间的观察?这取决于你手头拥有多少与当前的探究焦点有关的观察记录。

与克里斯蒂娜和弗雷达的 COI 思维解释表有关的课程档案

表 5.2 垃圾焚化炉项目（探究循环 1—3）之思维解释表的上半部分

标签：	日期：
解释者：克里斯蒂娜·拉弗尔和弗雷达·沙塔拉	

推测儿童正在做什么和想什么

请记住，在下面的方框中，你要寻找正在出现的、最有可能推动游戏朝着儿童探究的方向发展的线索。你正在为解释你的所见所闻描述一个情境。

尽可能用**描述性语言**告诉读者，你认为这是一个什么样的游戏。随心所欲地写。在描述时，可使用诸如"我认为，他们之所以做 x，是因为 y"之类的语句进行**推测**。

我们认为，儿童对垃圾焚化炉及其工作原理很感兴趣，他们已经知道垃圾焚化炉的基本工作原理，因为他们看过视频，同时他们的回答是那么详细。比如，哈桑说："自卸卡车装着垃圾，抓斗抓起垃圾，然后向上升，把它们放到进料斗里。垃圾掉下去了。那个大家伙把垃圾推到火里，垃圾就变成了灰烬，然后变成烟。它可以发电和照明，于是我们就可以开灯和关灯了。"儿童还对建造垃圾焚化炉很感兴趣。我们之所以知道这一点，是因为我们看完视频后用回收材料开展了一次材料探索活动。儿童立即决定建造一个垃圾焚化炉。我们认为，他们对传送带及其工作原理最感兴趣。我们之所以这样认为，是因为这是他们建构作品的主要部分，同时他们还在讨论怎样才能把垃圾放到传送带上并让它移动起来。当被问到如何让传送带移动起来时，瑞安说："按一下按钮。"他们把空的纸筒放在塑料袋下面，然后把"垃圾"推过去。我们认为，他们是在模仿传送带运送东西的动作，因为他们的游戏中出现了拉着材料通过传输带的动作。儿童还对电这个由垃圾焚化带来的最终产品很感兴趣。当运灰车把灰运走后，马修说："它会制造光！"

在和儿童一起浏览了 K-W-L 表，并确定了他们的兴趣点和关注点之后，我们认为儿童对抓斗是如何工作的，以及它们为什么会这样工作很感兴趣。我们之所以知道这一点，是因为每当我们问儿童还有什么问题或者还想进一步了解什么时，他们的答案大部分都和抓斗有关。例如，塔蒂亚娜说："我想知道抓斗是怎么工作的。"J.D. 也问道："抓斗是怎么移动的？"儿童还对垃圾如何变成灰，然后转化为电很感兴趣。我们之所以知道这一点，是因为儿童询问了这一过程。例如，缪斯说："我想知道这些垃圾是如何变成灰的。"基于同样的想法，雷纳托说："我想知道这台机器是如何将垃圾转化为电的。这台机器是如何让垃圾变成一个球的？"儿童的反应告诉我们，儿童关注那些具体的过程，并想知道其中的因果关系。第二组儿童也对抓斗很感兴趣。例如，当被问到他对垃圾焚化炉有多少了解时，哈桑说："抓斗把垃圾扔到进料斗。垃圾往下掉，然后被什么东西推进火里，变成了灰烬。"另外，还有一个儿童提出了两个新想法，而我们希望最终能对这两个想法进行扩展。例如，当沙塔拉女士问马修看完视频后还想知道什么时，他说："要多长时间？（指整个过程）为什么灯会熄灭？"

基于儿童使用不同大小的材料进行探索这个事实，我们认为，儿童对抓斗的移动原理很感兴趣。我们还注意到，儿童似乎能够理解操作抓斗时所涉及的因果关系。例如，沙塔拉女士问马修大抓斗是如何工作的，他回答："推这里，它就合上了。"当沙塔拉女士问马修操纵杆离抓斗那么远，它如何让抓斗合上时，马修回答说："这个金属的东西，它穿过它。然后，它就合上了。"这告诉我们，马修能够将原因（操控抓斗顶部的操纵杆）与结果（抓斗的开合）联系起来。儿童也会将他们的垃圾夹与在垃圾焚化炉视频中看到的大抓斗进行比较。缪斯说："抓斗更大一些，所以它能夹起更多的东西。"这说明马修明白：一个物体越大，它的体积就越大，一般来说，能够携带的东西也越多。儿童还会模仿抓斗的动作。伊恩举起他的垃圾夹，将它径直伸下去夹垃圾。然后，他向一侧摆动垃圾夹，将垃圾扔掉。

表 5.3　垃圾焚化炉项目（探究循环 1—3）之思维解释表的下半部分

读一读上面那段话。想象你就是你笔下的那个孩子或那些孩子，然后把你的想法写下来（我们请你完成这项任务，是为了帮助你更深入地挖掘儿童的视角）。

哈泰："自卸卡车装着垃圾，抓斗抓起垃圾，然后向上升，把它们放到进料斗里。垃圾掉下去了。那个大家伙把垃圾推到火里，垃圾就变成了灰烬，然后变成烟。它可以发电和照明，于是我们就可以开灯和关灯了。"

我从视频中知道，自卸卡车把垃圾放到什么东西里，接下来抓斗把垃圾抓起来。然后，抓斗把垃圾放入进料斗，垃圾从进料斗里往下掉。有一个大家伙把它们推进火里，然后把它们变成灰烬。灰烬又变成了烟，产生了电。我在纸上把每一步都画出来并标明先后顺序。

瑞安："按一下按钮。"

我知道，当我按下按钮时，就会有情况发生。我按电视机上的按钮，电视机就打开了。我按玩具上的按钮，玩具就会动。

所有儿童都把空的纸筒放在塑料袋下面，然后把"垃圾"推过去。

我们知道垃圾在传送带上传输。传送带移动就能把垃圾带到新的地方。我们之所以用纸筒，是因为它们是圆的，可以滚动，从而使袋子更容易移动。

雷纳托："我想知道这台机器是如何将垃圾转化为电的。"

视频上说垃圾变成了电，但我不知道它是怎么做到的。当我把插头插上时，电器就能打开或关闭。垃圾是怎么做到的呢？

塔蒂亚娜："我想知道抓斗是怎么工作的。"

我能看到它移动并抓起垃圾，但不知道是什么东西让它动起来的。它的工作原理是什么？

马修："为什么灯会熄灭？"

电能让事物运转起来。当把台灯的插头插上时，它为什么有时候会不亮呢？是什么使它熄灭了呢？

马修："这个金属的东西，它穿过它。然后，它就合上了。"

我看到金属部件从底部伸出来。当我往下按手柄时，它就动了，然后抓垃圾夹就合上了。我认为是这个金属部件让抓垃圾夹合上的。

伊恩举起垃圾夹，径直伸下去夹垃圾，然后摇晃着把垃圾移到旁边放掉。

我记得在观看视频时，看到过抓斗是如何工作的。它垂直向下，抓起很多垃圾。然后，它转到进料斗前，将垃圾扔到里面。它会一遍又一遍地执行这个操作。

偲斯："抓斗更大一些，所以它能夹起更多的东西。"

当我和爸爸一起玩沙子时，他手里抓的沙子比我的多。我想，这是因为他的手比我的大。垃圾焚化炉上的抓斗比这些垃圾夹大，所以它可以抓起更多的东西，就像我爸爸的大手一样。

关注儿童的知识与思维

检查你对儿童思维的解释深度,有助于进行反思性实践,并规划下一步课程。

(1)**你描述了儿童游戏中重要的或者有意义的事件吗?**克里斯蒂娜和弗雷达重新浏览了观察记录和视频记录,将关注点放在儿童对垃圾与垃圾焚化炉之间的关系所产生的好奇上。对于儿童热烈地讨论并制作传送带的活动,以及儿童正在发展的表征能力,两位教师也描述了自己的想法。

(2)**你把自己为什么觉得这个事件有意义写下来了吗?**两位教师引用儿童的语言和动作,详细地解释了儿童游戏的意义。此外,她们继续根据儿童的讨论、视频观看和探究过程来假设儿童游戏的意义。

(3)**你把该事件解释为儿童思维的标志而不仅仅是他们的兴趣或需求吗?**上面的叙事性故事描述了儿童渴望深入地了解垃圾的处理过程,这意味着他们的这个愿望并不是肤浅的兴趣。教师的解释更深入地将儿童对抓斗的功能、传送带的作用以及电能的循环等一系列事物的思考,以及他们正在不断发展的相关知识呈现出来。

(4)**你推测了儿童行为背后的目的吗?**儿童之间的对话,可以说明他们想了解垃圾焚化炉是如何工作的。教师们也认识到了儿童的目标——利用教室里提供的材料建造一个功能性的垃圾焚化炉,因为儿童展现了他们对于传送带工作原理的了解,他们把纸筒放在塑料袋下面作为传送带,然后将垃圾推过去。在表5.2中,教师在进行解释时指出,儿童正探寻垃圾处理的最终结果(比如发电),而这与他们在视频中看到的结果相吻合。教师们可以利用这些信息来制订课程计划,以帮助儿童了解这些过程。

(5)**你推测了儿童行为所反映的知识或者理论吗?**表5.3中的解释聚焦于儿童对动作(抓斗把垃圾扔到进料斗)与结果(垃圾往下掉)之间的关系所持的理论。没有加粗的文字,代表儿童实际上说的话。加粗的文字是克里斯蒂娜和弗雷达想象这些儿童内心里可能会说的话,用他们的内部语言代表他们的理论。教师的解释表明,这些儿童对顺序关系有一定的理解。儿童正在思考一个动作如何影响另一个动作,以及这些动作如何按照一定的顺序组合起来使事物运转。如果你面对的是一群更加年幼的儿童,或者是一群聚精会神安静地进行探索的儿童,那么你的表格中可能不会呈现儿童说的话。但是,想象他们的内心想法仍然很有价值。

关注不同儿童的视角

当你开始从儿童的角度解释他们的游戏时，你可能会更直观生动地感受到课堂上的多样性。儿童会将自己亲身经历的文化视角以多种方式带入游戏。珍惜这个机会，追随这些不同的视角获得对儿童更多的认识。

（1）*你是从儿童的角度看待这些事件，并想知道他们是如何经历这些事件的吗？* 当从儿童的角度进行思考时，这两位实习教师所采取的策略是，首先将儿童说的话作为观察到的证据，然后用自己的话将儿童所说的话重新组织一下。教师尝试着走进儿童的心灵，按照儿童的语言交流中所透露出的顺序对这些事件进行加工。

> 瑞安：我知道，当我按下按钮时，就会有情况发生。我按电视机上的按钮，电视机就打开了。我按玩具上的按钮，玩具就会动。

（2）*当儿童对事物持不同的看法时，你有没有对该意外事件进行描述并提出疑问？* 克里斯蒂娜和弗雷达所记录的案例中没有出现所谓的意外问题或事件。即使是关于垃圾如何转化成电的问题，虽然它们对儿童来说很独特，但是由于儿童之前看过的视频中解释了垃圾焚化会产生电，因此这些问题也就与视频有了逻辑上的关联。为了说明什么是意外事件，让我们来回顾一下本书前面分享过的蓝草音乐探究案例。

不知道你是否还记得，当教师们意识到有些儿童知道可以将音乐写在纸上并唱出来时，他们就创设了一个音乐创作区，并在其中投放了一组彩色手铃（代表一个八度）和一组与手铃颜色相对应的记号笔。这样的环境邀请儿童创作音乐，从而让他人可以读懂并将其演奏出来。其中，安吉是一名来自中国的小女孩，她在纸上写下一行行英文字母，然后邀请老师按照英语的阅读方向从左到右点着每一个字母。当教师遵照她的指令去做时，安吉就把《你是我的阳光》（You Are My Sunshine）整首歌唱了出来。这对安吉而言绝对是一件出乎意料的事情，要知道，她在课堂上每次用英语发言都不超过两个单词！教师通过这个意外事件对安吉有了更多的了解，洞悉了她在课堂经历中的收获。安吉的行为影响了其他儿童，他们也开始按照正式的书写方式写乐谱。同时，她也启发教师激励和引导儿童开启了为期数月的乐谱探索活动。

关注游戏中的学习机会

当你将关注点放在支持和扩展儿童的思维与学习时,你就很有可能将儿童的游戏与规划有意义的学习机会所需要的同理心联系起来。

(1)**你是否展望过如何将自己的想法应用于课程规划?** 总的来说,垃圾焚化炉的故事说明儿童有一种强烈的愿望,他们想弄明白事物是如何运作的。很显然,两位实习教师已经将儿童的愿望考虑进去了,并提供了可回收材料来推动儿童思考垃圾处理问题。不过,从她们的表述中,我们并不清楚她们是否提前考虑过项目推进过程中可能会用到哪些材料。然而,她们清楚地指出了儿童的思维方向,比如制作一条功能性的传送带、谈论电这个垃圾焚烧的最终产物等。这表明她们明白,为了深化探究,下一步的课程需要围绕这些概念来设计。

(2)**对于游戏中所蕴含的拓展儿童发展、知识或理解的机会,你是否清晰地阐述了你的各种假设?** 就儿童对垃圾以及垃圾被转化为电能的过程有何反应,两位实习教师做出了多种假设。她们认真地倾听儿童表达他们对垃圾焚化炉的兴趣以及他们对垃圾焚化炉的了解,尤其关注儿童推理过程的细节。

基于"儿童希望了解抓斗移动的力学原理"这一假设,两位实习教师对下一步的学习机会进行了规划。她们提供了垃圾夹,供儿童通过操作来观察什么动作能够让垃圾夹动起来。稍后,两位实习教师解释了儿童探索垃圾夹的活动,并再次为儿童规划了一次学习机会,激励他们进一步探索控制垃圾夹的方法。

(3)**你是否描述了游戏中促使你产生思考的所见所闻?** 教师的所有推测都应该得到证据的支持。克里斯蒂娜和弗雷达从观察记录中逐字复制了儿童说的话,以及对儿童行为的描述,并将它们粘贴到思维解释表中。这样一来,她们就可以看到所发生的事件与她们对事件的思考这两者之间的关系。

(4)**对于你和儿童是否正在追随不同的探究探索,你进行了回顾和展望吗?** 垃圾焚化炉探究项目中的一个大概念,是了解垃圾处理与焚烧的过程。有很多探究线索都与这个大概念有关,这些探究线索彼此不同但又互相联系,比如,抓斗的工作原理是什么?传送带的任务是什么?垃圾焚化炉的最终工作产品是什么?每一个解释都体现了教师们正在思考,如何通过不同的方式挑战、引导儿童以及对儿童提问,从而加深儿童对主题的理解。

进一步反思与探究

在生成性探究课程之旅中,现在你拥有了一个解释儿童思维的工具,它可以帮助你推测儿童的想法,从而更好地认识儿童。花时间重新浏览你之前所做的观察记录,这将赋予你能量和活力,并将帮助你更好地理解这些细节背后的意义。利用这段时间进行深入的反思,也有助于你与搭班教师一起做好准备,以便有目的地引导儿童的思维朝新的方向发展。在对观察记录进行解释的过程中,你会识别出儿童所持的很多理论,这些理论将引导你进入探究循环过程的下一步——形成课程行动问题,这是生成性探究课程规划中的转折点。在第 6 章,我们将介绍这方面的内容。

为了更好地解释儿童的知识和思维,你不妨尝试以下建议。

- 回想一下本周你与搭班教师一起度过的时光。在这些共同度过的时刻里,你们关注的焦点是什么?你可以怎样利用这段时间与搭班教师一起重温并解释观察记录?
- 查看一下教职工会议的时间。能否以电子邮件等形式分享管理方面的信息,这样教师们就可以利用教职工会议重新翻阅和解释他们之前所做的观察记录?
- 回顾你所做的观察记录。它是否足够详细地描述了儿童的动作或对话,让你能够有据可依地解释某个有意义的事件?你是否需要重新阅读本书中有关观察记录的那一章内容,以更好地提升自己的记录技能?
- 在与同事回顾并解释观察记录后,写下你的感受。通过这一过程,你变成了怎样的教师?
- 你对儿童的认识对你的教师生涯产生了怎样的影响?

第 6 章
制订课程行动计划

在本阶段，教师开始将自己对儿童所持策略、目标和理论的疑问视为不同的探究线索，即多条可能开展探究的路径。在解释儿童游戏的过程中，教师会提出许多问题（Silveira & Curtis, 2018）。他们发现，当对儿童行为的意义不确定时，他们就会产生疑问（Wien & Halls, 2018）。他们想知道如何支持儿童理解某些现象。意料之外的事件常常会引起教师的关注，他们会追究这些事件发生的原因和经过。比如，有一天，当教师正在录像时，一个小男孩先是拿来一面三棱镜放在自己眼前，然后走到摄像机跟前。男孩的这一举动引起了教师的好奇，她想："他到底是在尝试用一个新的视角看我，还是希望我用摄像机把他的行为拍摄下来？"在本章的后面部分，我们将会引用这个案例，介绍教师是如何利用这次拍摄经历提出问题并制订课程行动计划的。经过细致的观察与解释，教师还收集了儿童直接提出的很多问题，比如"是什么让自行车跑起来的""雨从哪里来"。

为了支持儿童真正地认识他们所处的世界，教师要思考儿童提出的哪些问题可以作为规划下一步课程或下一步探究活动的来源（Wien & Halls, 2018）。上面的案例中，那个拿着三棱镜的儿童是否正在想："如果我靠近摄像机的屏幕，会发生什么变化呢？"当教师将这个假设的问题演绎为该儿童头脑中可能存在的疑问时，她就会基于自己的猜测将摄像机的屏幕转向男孩，供他进行更深入的探索。同时，教师这样做也会让这个男孩觉得，他自己就是本次探索活动的主导者。

为了让儿童觉得自己就是学习的主人，教师要拿捏好哪些问题可以作为支架，引导探究活动持续地开展下去；即便对那些在组织生成性探究课程方面最富经验的教师来说，这也不是一件容易的事（McDonald, 2019）。在确定好问题后，下一步就是把你可能采取的干预方法写下来，比如添加材料、通过提问或指导语来激发儿童思考以及选择合适的策略鼓励儿童探索自己的想法等。重新审视你对儿童游戏的解释，探索多种可以挑战儿童或向儿童提问的方法，以便将他们的游戏扩展到更多区域，使他们能实施自己想要进行的探究。

COI 课程行动计划表（见附录 3）要求教师将每一项挑战或每一个提问都当作适合儿童学习的下一步罗列出来，并附上能有效地引导儿童应对挑战的材料、指导语等。填写本表的目的，是把儿童在探索每个行动问题的过程中需要什么记录下来。当你开始发散式地思考有可能支持儿童探究的方向与材料时，你的头脑中就会冒出一些问题，而这些问题源于你对儿童思维的细微差别之处所做的解释。你的思维方式将因此而变得更加灵活，更能识别、接纳和回应儿童那些出乎意料的想法（Wien & Halls, 2018）；同时，要允许课程沿着一个有别于常见的、线性的路径发展。此外，这些问题还将使得发散性思维过程（开始于思维解释阶段）延续下去。

多种不同类型的问题

玛丽·李·马滕斯（Mary Lee Martens, 1999, 26）建议教师通过提问帮助儿童集中注意，助力他们发展测量、计数和比较等数学技能，鼓励他们采取行动和解决问题，以及支持他们进行推理。

- **集中注意类问题**有助于儿童将注意集中在重要的细节上。比如：你看见……了吗？关于……你注意到什么了吗？他们正在做什么？它摸起来/闻起来/看起来怎么样？
- **测量和计算类问题**有助于儿童进行更精确的观察。比如：……有多少？……多久一次？……有多长？
- **比较类问题**有助于儿童进行分析和归类。比如：它们有什么相同和不同之处？把它们放在一起会怎样？
- **行动类问题**鼓励儿童探索不熟悉的材料的特点，探索有生命或无生命的物质的属性，探索正在发生的事件的性质，或预测某个现象。比如：如果……会发生什么？假如……将会怎么样？
- **寻求解决方法类问题**有助于儿童计划并实施解决问题的方法。比如：你能想个办法解决……吗？你知道如何解决……的问题吗？
- **推理类问题**有助于儿童思考经验并形成对他们而言合理的想法。比如：为什么你认为……？对于……你的理由是什么？你能发明一条……的规则吗？

生成性课程规划中，发散性思维的作用

你要认识到课程规划是教师的责任，你所提的问题会推动整个课程的发展（McDonald，2019）。一天当中，你的大脑中会浮现出上千个问题，你会探究某些问题的答案，儿童亦是如此。因此，当对"此刻，儿童的头脑中正在想什么"做出推测之后，你就会想要做些什么，比如进行干预，或者实施你的推测。这时，你的头脑中就会形成一个行动问题来引导你进一步开发课程。在反思自己所提出的问题时，你不妨思考一下"是否有一个大概念可以将这些问题联系起来"。在本章开篇提到的那个小男孩靠近摄像机的案例中，教师提炼出了"视角与感知"这个大概念。这个大概念将所有的行动问题联系起来。在教师看来，它具有引导儿童进行长期探究的巨大潜能。在接下来"了解COI课程行动计划表"部分，我们将以这位教师提出的行动问题为例进行阐述。

行动问题会对你如何提供材料和布置环境产生影响，也决定着你使用什么样的指导语或通过什么样的问题来引导儿童，以及下一步你会采取怎样的流程来干预儿童的游戏。卓越的教师能迅速地提出问题并把它们记录下来，以便在计划下一步活动或未来的活动时将它们作为参考。之后，经过谨慎地思考，他们会每次选择1~2个问题来激发儿童进行深入的探究，并根据儿童游戏的具体情况决定以什么方式介入其中。在本章的开篇案例中，受小男孩行为的启发，教师设计了以下几个行动问题，每个问题都蕴含着引发不同探究线索的可能性。该教师认为，这些探究线索都拥有让儿童学习"视角与感知"这个大概念的潜在可能性，也都蕴含可以跟早期课程标准相匹配的学习机会。

- 通过观察和绘画活动让儿童运用视觉，与此有关的行动问题可以跟数学领域的课程标准（如比例和尺寸）联系起来。
- 让儿童探索并理解摄像机的视角，与此有关的行动问题呼应了技术领域的课程标准。
- 让儿童了解社区中更多人的看法，与此有关的行动问题可以跟社会性情感及社会性研究方面的课程标准联系起来。

行动问题

我们在认真思考教育领域所使用的众多术语后,决定采用"行动问题"这一术语,并将其应用到 COI 系统中。事实上,在教育领域中,有很多术语在某些教育情境中被使用,但是在其他的教育情境中却没能以有意义的方式得到延续。使用"行动问题"这一术语,目的是在早期儿童教育、早期特殊儿童教育与早期儿童教育研究这三者之间搭建一座文化桥梁。我们发现,当实施瑞吉欧教育理念的教师声称,他们正在把自己的"惊奇"(Gandini & Goldhaber,2001)记录下来时,某个早期特殊儿童教育领域或教育统计学领域的同事或许并不理解这个词与教师们用于引发儿童探究的严肃问题之间存在什么关系。我们认为,"行动问题"这一术语暗含着采取呼应性行动的可能性。

了解 COI 课程行动计划表

你可以使用 COI 课程行动计划表把你激发儿童参与下一步探索与学习时所采用的行动问题和相关策略记录下来。在这张表格中,你要填写标签(即相关的大概念或探究线索)、观察日期以及解释者的姓名。本表共包含三行两列:左列用来填写行动问题,右列用来填写你需要的策略,以推动儿童对行动问题的探索。就像是设计下一步探究活动一样,你需要在右列把用于激发和促进儿童探究的材料、问题和指导语写下来。

左列共有三行,提示你至少要提三个行动问题,这是希望你超越对行动的最初思考而提出的最低要求。如有需要,你可以在本表中多添加几行,也可以复制本表格,以便把尽可能多的行动问题写下来。这样做可以培养你的发散性思维能力,而这种能力是解决问题和制订计划的有效工具(Chant,Moes,& Ross,2009;Duckworth,2006;Treffinger & Isaksen,2005)。在填写左列时,你要把每个行动问题都视为规划下阶段游戏的可能建议。在第 7 章,我们将讨论教师怎样把众多行动问题整合成一份生成性探究课程计划。

左列：行动问题

左列邀请你把能反映你意图的行动问题写下来，可以是如下所列的一个或多个问题：

- 你想要探索的与儿童思维有关的问题；
- 你认为儿童想要进一步了解或着迷的事物；
- 你从研究者角度提出的问题，目的是更好地了解儿童并帮助他们更深入地理解所探究的主题；
- 可以将与"早期学习标准和课程标准"有关的材料与激发物充分纳入进来的问题。

在本章开篇所列举的案例中，为了回应儿童关于摄像和三棱镜的经验，教师准备了一些行动问题。我们将以这些行动问题为例，探讨它们与相关的早期学习内容的链接。该生成性探究课程历时一学年，几经波折，而下面这三个行动问题只是课程开发早期教师所提出的具有代表性的行动问题。

- 通过尝试动手操控摄像机和电视机监视器，儿童能否获得更多的知识？
  > 链接语言艺术学习内容：词汇；探索并描述各种物体及其属性。
  > 链接数学学习内容：倾听并运用比较词描述物体之间的关系。
  > 链接技术学习内容：基于以前的经验对材料或物体的变化做出预测。
- 如果我们用木质相框把写生的对象（例如放在椅子上的玩具熊）框起来，那么儿童在观察和写生时是只关注相框里面的事物，还是也会关注画框之外的事物呢？他们会不会考虑远处和近处的物体呢？
  > 链接数学学习内容：探索并描述各种物体及其属性；形状；空间关系。
  > 链接技术学习内容：通过简单的表征形式（如绘画）来记录观察结果，分享想法。
  > 链接艺术学习内容：线条；形状；观察；运用绘画材料；把看到或知道的事物通过视觉表征的方式表征出来。
- 我们能否探索其他人（如同伴、成人）如何运用眼睛、耳朵、感觉和情感去感知事物？
  > 链接数学学习内容：探索并描述各种物体及其属性（当儿童用眼睛、耳朵和手进行探索时）。
  > 链接社会性和情感学习内容：人际关系技能；社会参与；社会认知；沟通与交流。

右列：激发探究的策略

在右列，你要把你认为有助于引导儿童探究行动问题并建构相关理论的材料、有效提问和指导语写下来。也就是说，你所提供的材料和说的话都是为了促进儿童围绕行动问题展开探究。同时，它们也有可能成为儿童下一阶段的探究内容。这些想法是设计两类激发方案（教师发起的激发方案和回应性激发方案）的基础。在第7章，我们将讨论如何将这些想法设计成一个能激发儿童探究的课程计划。

下面，我们针对摄像和三棱镜案例中教师所提出的三个行动问题，列出了激发儿童探究的相应策略。记住，它们都聚焦于"视角和感知"这个大概念。

- 针对"用与电视机监视器相连的摄像机屏幕做实验"这个行动问题，我们准备了如下材料、提问或指导语。
  > 材料：
  - 摄像机被放在三脚架上，并与监视器连接；
  - 摄像机与对着屏幕的投影仪连接；
  - 令儿童感兴趣的一些物体，如玩具熊、玩具马等，儿童可操作它们创设出一个场景并投放到屏幕上。
  > 提示性问题：
  - 你能移动玩具熊，让它出现在监视器的屏幕上吗？
  - 你能邀请正在看监视器的朋友帮助你调控动作，让屏幕上出现玩具熊吗？
  - 当你靠近或远离摄像机时，你注意到了什么？当你移到摄像机的左边或右边时，你注意到了什么？

- 针对"给摆在木质相框内的玩具熊写生"这个行动问题，我们准备了如下材料、问题或指导语。儿童是只画木框内的玩具熊，还是把环境中的其他事物也搬进画作了呢？
  > 材料：
  - 画架紧挨着绘画对象摆放，上面放有纸、铅笔和橡皮擦；
  - 绘画对象"玩具熊"被摆好姿势放在椅子上，并用木质相框框起来。
  > 提示性问题：
  - 你能把你在相框里面看到的事物画出来吗？
  - 你能把近处的事物画出来吗？
  - 你能把玩具熊周边的事物画出来吗？

- 你能把你在相框外面看到的事物画出来吗？
■ 针对"激发儿童运用不同的视角和感官能力做实验"这个行动问题，我们准备了如下材料、问题或指导语。将一名儿童蒙上眼睛，请另一名儿童将其带到教室里的某个特定区域，允许他用双手探索周围的环境。
  > 材料：
  - 用于蒙眼睛的围巾。
  > 提示性问题：
  - 当你蒙上眼睛并被好朋友带到班级的某个区域时，你能否辨别出自己正身处何地？
  - 如果不用视觉，你会使用什么感官判断自己所在的教室区域？

采取干预策略时，需要考虑的问题

要想使你的干预策略有意义且具有指导性，你必须考虑以下事项：为对话交流做好准备；进行有效提问；提供材料；纳入新材料；研究探究的内容。下面，我们将逐一探讨这几个事项。

激发儿童探究的策略其形成过程非常复杂。在引导儿童探究时，你必须进行发散性和创造性思考。唯有这样，下一步开发的课程才有意义，并能与之前的儿童游戏关联起来。因此，这个过程需要教师的创新性思维，有时甚至需要依靠教师的直觉。你需要认真地思考，如何与儿童对话才能影响其持续探究的轨迹，或者什么样的提问或表述才能有效地引导儿童探究，抑或为儿童的下一步探究活动提供材料，以推动探究过程向前发展的最佳时机是什么。当你认识到什么时候邀请儿童用新材料表征自己的想法最有用时，你就能对儿童的思维具有广泛而深入的了解。如果探究的内容是你所不熟悉的，那么你可以求助于社区里的专家，他们将会给你和儿童的学习过程注入新的活力。在规划生成性探究课程时，所有这些策略都会反复出现，并需要我们对其做深入探讨。

1. 为富有成效的对话做好准备

当儿童与材料、同伴互动时，他们会发现问题、提出问题，并与那些为他们提供了必要反馈以推动他们的经验和思维向前发展的人，共同探讨自己的"工作理论"（working theories）。在群体互动中产生的这种发散性思维，激励着儿童持续地思考并检验自己的理论，而这种情况在没有同伴参与的前提下是不会发生的

（Chant，Moes，& Ross，2009；Duckworth，2006；Treffinger & Isaksen，2005）。此时，儿童是探究者，他们深深地沉浸在自己的游戏中，以至于分不清自己是在游戏还是在探索。

下面是儿童在户外操场上活动时所进行的一段对话，当时儿童正在试图像搭帐篷那样把布帘支起来。这段对话很好地说明了发散性思维（同伴的许多想法）能有效地推动游戏的发展。在阅读这段对话时，你要注意儿童与材料的互动方式，因为这也是对话的一部分。此外，在搭建帐篷的过程中，每个儿童都分享了自己的想法。

莎莉夫人：我们怎么才能把帐篷支起来呢？

萨拉：用一根竹竿。

摩根：用回形针。

索菲娅：也许可以用胶带试试。

（格洛丽亚夫人离开操场，不一会儿手里拿着五根竹竿、一盒回形针和一卷胶带回来了）

迈卡：我们还需要一根竹竿。

格里：我们要把竹竿埋到地里（他从沙箱里拿出一把铲子，开始为竹竿挖坑）。

彼得（走过来看发生了什么事）：你们在玩什么游戏？

全组儿童：我们不是在玩，我们是在搭帐篷。

（格里继续为竹竿挖坑）

（小组其他儿童把竹竿插到坑里）

莎莉夫人：这些竹竿都倒了，我们怎样才能把它们竖起来呢？

辛迪：再拿根竹竿。

莎莉夫人：我有胶带。这个胶带管用吗？

（小组儿童用胶带把竹竿连接起来）

莎莉夫人：竹竿还是倒了，我们还能想出什么办法呢？

格里：我们还需要一根粗竹竿。

斯蒂芬妮：胶带坏了（尝试重新贴胶带，并在竹竿周围铺上更多的土）。

（格里找了几只桶，在里面装满沙子，然后把竹竿插在桶里）

在一次对话中，当对话的主体部分由儿童主动发起，并且儿童可以在不受成人强迫的情况下发表自己的创新性想法时，他们的对话技能就会得到发展。在对话时，你应该鼓励儿童的这种主动性。你可以以倾听者的身份在场，也可以通过观察来把握提问的时机。用书面形式记录儿童的对话，这一做法不仅向儿童表明他们说的话很重要，而且帮助你积累了更多与儿童思维有关的证据。一旦儿童习惯了由教师来记录他们的对话，那么当他们进行有意义的对话时，他们就很有可能请教师帮忙记录下来。这些儿童最终会意识到，教师将利用这些记录与他们一起制订课程计划。

你可以使用 COI 课程行动计划表来有意识地设计对话，以对前面观察记录中没有描述清楚的探究过程有更多的了解。设计一个谈话活动，邀请一些新的游戏伙伴或全班小朋友跟核心小组一起思考，从而提供反馈或者提出新的探究想法。本章前文已经介绍过，你可以通过一个行动问题或者引导语来开启此次谈话。同时，最好事先多准备几个问题或者指导语，以便在谈话过程中帮助儿童扩展谈话内容。此外，你还需要考虑哪些材料有助于儿童关注谈话的内容，比如，他们工作时的照片，他们正在探索的材料，等等。例如，一位教师向儿童呈现了一本图画书——《如果我是汽车设计师》[1]，这本书介绍了各种交通工具的特点。教师是这样引导的："如果你是一名汽车设计师，你觉得汽车最重要的部件是什么？""我们可以轮流地说说这些汽车部件的用途吗？"此外，她还提供了船、汽车和飞机的大幅照片供儿童观察、比较不同的交通工具，并为最终绘制汽车设计图做好准备。

要给予儿童充足的空间和时间探索材料，并讨论各种可能性。当教师提出的问题指向儿童的活动意图，当教师提供的材料能让儿童的思维聚焦并引导他们思考时，儿童就会在谈话中发挥主导作用。此时，你可以坐下来观察和记录儿童的谈话，并不时地插入一些反思性话语来强化儿童的思考，或者提出一些问题来拓展他们的对话。

"走在路上时，你们注意到了什么？"为了引发一群 3 岁儿童讨论这个问题，教师邀请儿童及其家人把他们在路上发现的事物带到幼儿园，或者将其拍成照片带来。这个话题对儿童来说是有意义的，因为他们正在教室里建造一条大马路。同时，这些具体的材料也有助于他们的思维聚焦。有位教师还把学校外面的马路和停车场上画的线、街角和停车场的道路标志，横跨街道的火车轨道，以及铁轨沿路的标志都拍成照片。她准备了充足的照片，保证每个儿童人手一张。

对话伊始，教师将一张打印好的 A4 尺寸的照片分发给每个儿童，然后先进

---

[1] 简体中文版由北京科学技术出版社于 2018 年 1 月出版。——译者注

行表述，再抛出一个问题。"请仔细观察我发给你的照片，"她说，"你能告诉我，你在照片上看到了什么吗？"于是，这群3岁的儿童进行了一次漫长的讨论，从不同的视角对照片进行评论和介绍。这个过程也为他们后续观看一个小伙伴的分享做好了准备，那个小伙伴将他与父母散步途中收集到的满满一袋子棍子、石头和废弃物倒了出来。就这样，通过精心的准备，教师第一次体验到，在一个长达20分钟的谈话活动中，所有的儿童都能主动自愿、专心致志地投入其中。

在儿童进行分享时，教师可以坐下来观察并插入反思性话语，以反映儿童的想法或者帮助儿童澄清他们的意思。教师也可以通过有效提问来验证或挑战儿童的工作理论，比如，"那（指着停车标志）是什么意思？""你怎么知道它是停车的意思？"

2. 考虑提问和表述的有效性

进行有效的提问和表述并非易事。实施生成性探究课程的教师希望通过精心计划，运用适宜的方式将儿童的想法引出来（Wien & Halls，2018）。这种教学方法与这些教师自身的早期学习经历形成鲜明对比，在他们小的时候，教师的角色就是向儿童提问并期望儿童做出具体的回答。当前，在许多幼儿园的课堂中，这种"一问一答"的教学方法仍然大行其道（Engel，2011）。要超越这种教学方法，教师必须认真剖析提问的功能，并通过提问鼓励儿童把他们对世界的理解展现出来（Rosenthal，2018）。开放式问题可以引出不同的回答，但是教师还必须学会进一步利用提问、表述和材料，引导儿童围绕主要焦点展开对话（Silveira & Curtis，2018）。

根据建构主义教育家的建议（例如：DeVries et al.，2002），你要思考自己提问的动机。你可能是基于以下一个或多个理由进行提问。

- **获得对儿童的更多了解**。在下面的手影案例中，如果教师问"那个形状是什么？"，那么他只能从儿童的回答中获悉儿童知道些什么，比如影子。然而，如果教师问"你看到了什么？"，那么他也许可以了解儿童的思考，比如：影子是如何随着手的运动而移动或变化的？

运用有效提问

在右边这张照片中,教师仔细地观察一个儿童玩耍,并对她的行为产生了好奇。他想:"她会不会觉得影子就是画呢?从她的行为看,她似乎就是这么认为的。"教师又观察了一会儿,最后决定做点什么以消除自己心头的疑问。他问:"这是画吗?"只见儿童看着影子,然后又伸手摸了摸。接着,教师用自己的手也比画出一个影子,让儿童预测:"如果我们把那块黑的地方盖住,会发生什么情况?"

在这个案例中,教师仔细地观察、推测儿童的兴趣和问题,并计划了几个方法挑战儿童以使其反思自己的想法和行为,同时根据所制订的计划进行干预。当教师们运用 COI 系统进行观察、记录、反思和计划时,他们就在培养自己具备像研究者一样的思维习惯。在这个案例中,这位教师正在研究这个儿童是如何看待世界、解释世界并作用于世界的。伴随着这些研究,教师既发展了在教育现场进行即时指导的能力,又发展了对课程进行长期规划的能力。

探索手部的影子

- **挑战儿童当前的思维**。在这个例子中,教师用一个与现实不符但又貌似合理的问题来挑战儿童的思维:"这是画吗?"这个问题激发儿童重新思考自己之前关于影子的理论,并通过触摸影子感受它到底是不是画来验证这个理论。这类提问鼓励儿童与材料互动,同时促使儿童运用更高阶的推理能力。
- **协助儿童做出选择**。比如,教师可能会问"你是想参加飞机项目还是想去读书?"这类包含选项的提问,有助于儿童做出对自己有利的决定。
- **促使儿童思考自己的想法**。教师可以问一问儿童如何完成某个特定的任务,或者某一行为或过程是如何发生的。比如:"在比赛中,那个球是怎样沿着管子掉下去得了一分的?"

- **激发儿童展示自己的思考**。比如，询问儿童："你能演示一下蠕虫移动的样子吗？"这个问题能够激发儿童做出许多有趣的动作，并指出这些动作背后的原因，如为了寻找避难所，为了跳舞，或者因为蠕虫正在"咯咯地笑"。除了提问外，教师还可以通过提供新材料来引导儿童做出反应。比如，给儿童提供一支记号笔和一张纸，让他把球得分的过程画出来。

3. 教师择机为儿童制作材料

许多教育工作者认为，项目探究意味着儿童需要的所有材料都应该由他们自己制作。然而，有时候，制作材料以使探究活动更加深入，恰恰是教师要承担的责任。比如，在蓝草音乐探究项目中，教师很早就了解到，儿童知道演奏乐器的人可以组成一个乐队。最后，儿童开始讨论乐队是怎样在舞台上表演的。为了进一步了解儿童关于乐队和表演的想法，教师决定运用仿真乐器搭建一个舞台（参阅第1章）。教师意识到，如果让儿童自己搭建一个舞台，那么儿童探究的真正焦点就会从表演转移到建构活动上，偏离了他们真实的探究意愿。因此，教师帮助儿童搭建了舞台。我们要从最有益于儿童探究的角度慎重考虑，什么时候该由教师制作材料。

4. 表征与再表征

瑞吉欧·艾米莉亚的教育工作者们巧妙地运用"表征"和"再表征"概念，使儿童的"工作理论"展示出来并得以扩展，促使儿童像科学家那样对问题及其解决方案进行建模（Forman et al.，1998；Schaefer，2016；Weatherly，Olesan，& Kistner，2017）。所谓表征，是指儿童最初表达想法的方式。表征的方式，可以是谈话、绘画、角色扮演，也可以是其他方式。所谓再表征，是指儿童用一种新的方式表达想法。每当儿童对某个特定的想法进行再表征时，新的材料都为其提供了不同的机会，使他们能够把自己的想法详细地展现出来。有太多的材料可以支持儿童表达自己的想法，因此，洛里斯·马拉古奇（Loris Malaguzzi）将其定义为"一百种语言"。

为了很好地理解这些概念，让我们来看一个很棒的案例——制造汽车的项目活动。在这个活动中，儿童首先通过绘画作品表达了对汽车的最初认识，之后使用黏土制作了汽车模型。此外，教师还邀请儿童运用自己的身体来表现汽车和独轮车移动的样子，帮助他们理解结构复杂的汽车与结构简单的独轮车之间的关系。在这些活动中，儿童还进行了几次讨论，他们通过口头对话来表征自己的思维，通过绘画作品来表达自己的设计想法。最后，儿童还一起寻找有用的松散性材料（loose parts），合作建造了一辆跟真实的汽车一样大的"汽车"。这种再表征的过程是将项目活动时间延长的关键。每一种表征都会激发儿童产生新的点子，这些点子为学习和发现提供了新方向（Schaefer，2016）。

5. 纳入能激发儿童创造性的新材料

受瑞吉欧教育思想影响的教育工作者们分享了他们在使用创造性材料引导儿童进行探究方面的聪明才智。在实施生成性探究课程的教室中，自然材料是必不可少的探索工具。儿童可以将树枝或圆木片（树干的切片）想象成各种东西，就像他们对待积木那样。选择开放性材料可以让儿童自由地思考材料的功能，以实现他们当前的游戏意图（Silveira & Curtis，2018）。然而，仅仅提供开放性材料，并不能保证儿童的探究就一定会深入。材料的选择及其展示方式，将对儿童如何接近和使用它们产生影响。因此，教师既要考虑投放具有创造性的新材料，又要考虑以某种方式与儿童的理论建构及游戏意图联系起来（Baker & Davila，2018；Schaefer，2016）。

这里有一个很棒的案例，就是儿童如何为泥巴厨房建造炉灶。教师在教室里为儿童提供了一只大箱子、各种纸制品以及不同类型的纸板材料，其中包括可用作火眼的蛋托。在观察炉灶的照片和绘制炉灶的设计图之后，儿童使用教师所提供的材料轻松地建造了一个炉灶模型。

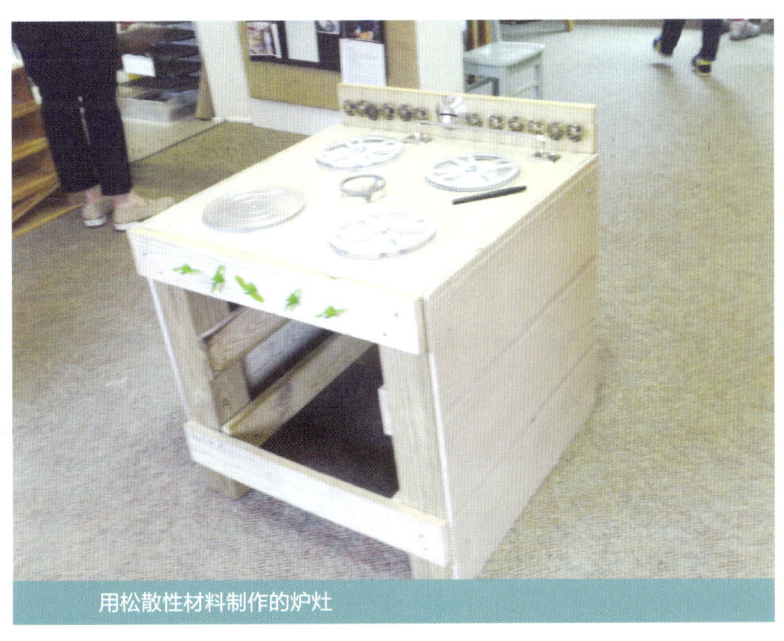

用松散性材料制作的炉灶

然而，儿童很快注意到了一个问题——"不能把这个炉灶拿到我们的泥巴厨房去，因为它是用硬纸板做成的"。他们知道，在恶劣的天气下，用硬纸板做的炉灶是有其局限性的。于是，在这个最初的模型基础上，儿童开始探索使用新的材料来建造坚固的炉灶，并构建自己的理论。他们选择了木头，因为他们知道木头很结实。同时，教师提供了圆形的松散性材料，如旧式电影放映机上的胶片卷轴。事实证明，胶片卷轴比蛋托更适合做火眼，因为蛋托的形状与实际生活中的炉灶火眼有很大出入。儿童还从计算机的金属部件和其他金属材料中翻找出一个完美的架子，将其安装在炉灶的内部。他们把翻找出来的圆形零件作为打开或关闭火眼的旋钮。此外，他们还把一根金属毛巾杆改造成了炉灶的门把手。在整个活动中，他们的老师有意识地寻找并提供各种具有潜在可能性的金属和木质材料，便于儿童运用它们表征炉灶的各个组成部分。

6. 研究的时机

儿童常常对教师所不熟悉的一些话题非常感兴趣。教师要乐于接纳这样的情况，并将其视为与儿童共同成长的契机。在与儿童一起探究时，调查是必不可少的步骤。教师应与儿童进行对话，就"如何学习某个主题""到哪里去学"以及"向谁学"等问题征集儿童的想法，认真倾听并把他们的回答记录下来。同时，作为共同的参与者，教师也要把自己的想法添加上去。然后，到儿童所建议的地方，寻找他们所推荐的人，找到他们所需要的材料，以推动探究向前发展。在参与和追随儿童活动的同时，你也正在向他们示范探究的过程（Baker & Davila, 2018）。

在面对未知事物时，许多幼儿教师会感到很兴奋，他们做好了进行深入研究和探索的准备。然而，另外一些幼儿教师可能会感到不舒服，觉得自己失去了掌控感和权威感。提出问题，以引出研究的内容和发现研究的方法，而不满足于教科书上那些过于简单的活动，这对教师来说需要勇气。当教师发现并为儿童提供了错误性信息时，比如，将小苏打和醋混合到一起所产生的化学反应称为"火山爆发"，这对儿童是一种伤害，因为儿童原本有可能投入到真正的火山研究中。

你和儿童所遇到的问题以及解决问题的过程，有可能将你们带入一个死胡同，让你们不知道下一步该走向哪里。然而，此时恰恰就是需要你深入挖掘和向该领域的专家寻求帮助的重要时刻。考虑一下，什么时候最好暂时独立于儿童进行研究，以便为指导儿童的探究过程储备足够的知识；什么时候邀请专家以儿童乐于或易于接受的方式分享信息。正如下面的案例所示：

一群儿童正仔细地观察着户外泥土上的痕迹，他们称之为"动物的足迹"。他们想知道：这是什么动物？它们从哪里来？到哪里去？班上的一位教师拜访了当地的几位专家。在邀请专家们去班级访问前，该教师亲身体验了专家们打算跟儿童分享的内容。在这几位专家中，有一位是美国奥杜邦[1]博物馆的导游，他准备了一张动物足迹表和一个演讲，并计划在演讲时向儿童展示全世界各地的精彩动物图片。然而，他的演讲非常冗长，全程都不会与儿童互动，也不允许儿童提问，所以他似乎并不是一个合适的人选，因为他不善于吸引儿童的注意。

最后，教师从当地的户外探险中心邀请了一名向导，因为他的分享不仅能够吸引儿童积极互动，还能回答儿童的一些问题、引发儿童讨论以及激发儿童提出一些新的疑问。同时，他为每个儿童准备了图表，上面描绘了儿童有可能在自家后院或当地荒野中看到的动物足迹。此外，他还分享了这些动物的精美照片。在演讲中，他用沙箱和耙子做演示，引导儿童思考和预测每种动物的足迹可能会是什么样子的。然后，他在沙箱里用自己的身体模仿熊、兔子和其他动物的动作。每模仿完一种动物，他都会用耙子把沙子耙平。

随后，他还邀请儿童模仿他的动作来制造动物的足迹。这个活动又促使儿童思考并讨论每种动物在不同环境中的移动方式；基于这些动物的移动方式想象它们与树木、树叶邂逅时的情景；想象和研究兔子前、后腿的力量以及兔子能跳多高；想象和研究为了吃到长在高高的树上的叶子，大熊会怎样用两条腿走路。

同样，在蓝草音乐探究项目中，教师也邀请两位专家参与了整个研究过程。这两位专家都是蓝草乐队的乐手。他们与儿童分享了真实的蓝草乐器，向教师提供了关于声音方面的知识，同时寻找了适合蓝草音乐探究项目的歌曲。整个过程中，这两位专家一直出现在教室里，与儿童建立了真正的关系，并成为班级研究共同体的一部分。

使用 COI 课程行动计划表：从垃圾焚化炉项目中获得学习

本节所引用的 COI 课程行动计划表，来自克里斯蒂娜和弗雷达的垃圾焚化炉探究项目。在这里，我们选取了其中的三次探究循环。首先，让我们对这个项目

---

[1] Audubon，是美国著名的画家、博物学家，他绘制的鸟类图鉴被称作"美国国宝"。——译者注

做个概述以唤起你的记忆。这个项目始于儿童观看垃圾焚化炉的视频。早在项目开始之前，当儿童问"垃圾去哪里了"时，他们探究的兴趣就已现端倪。视频中展现的垃圾焚化炉的功能让儿童很着迷，儿童围绕视频内容展开了讨论。教师提供了装满垃圾的袋子让他们体验，看看他们能否把在视频中了解到的垃圾焚化炉结构再次表征出来。教师设计的第二个激发方案是让儿童操作手持式垃圾夹，以帮助儿童更好地了解垃圾焚化炉抓斗的功能；第三个激发方案是鼓励儿童用螺丝刀把手持式垃圾夹拆开，近距离观察其结构。

研发行动问题的过程会导致许多问题浮现出来，每一个问题都可以在长期的生成性探究过程中让儿童以某种方式探索。在课程规划的下一个阶段，即下一章，你将会发现，你所设计的"下一步"方案可能整合了你所研发的几个行动问题。

克里斯蒂娜和弗雷达每进入一次新的探究循环时，都会重新审视第一次探究循环中所提出的行动问题。因此，你看到的不是三张 COI 课程行动计划表，而是这个团队如何在原始表格上添加她们的后续想法；其中，蓝色字体代表她们在第二次探究循环中产生的想法，红色字体代表她们在第三次探究循环中产生的想法（见表 6.1）。之后，我们将看看克里斯蒂娜和弗雷达所填写的这张表格是否达成了 COI 课程行动计划检核表的标准。

表 6.1　垃圾焚化炉项目之 COI 课程行动计划表

标签：　　　　　　　　　　　　　　　　　　日期：
解释者：克里斯蒂娜·拉弗尔和弗雷达·沙塔拉
探索你想跟儿童一起研究的事情 　　这要求你进行发散式思考，既要有创意，又要以对儿童游戏的观察和推测为依据。回顾你对儿童游戏的解释，尝试运用不同的方式向儿童发出挑战、引导或提问儿童，将儿童的游戏扩展至他们正在研究的领域。这些挑战、引导或问题将变成你与儿童共同开发生成性课程的线索。

左列　行动问题：你想要研究儿童的哪些想法？你认为，儿童想要了解什么？从这些问题出发去开发课程。 　　在下面写上至少 3 个问题作为开发课程的线索。你不是在打造一份课程开展的序列。每个问题仅代表接下来你可能与儿童一起进行的一段课程之旅。	右列　激发儿童的策略：你可以通过激发儿童思考来引导课程。提供机会和活动，让儿童深度参与其中，挖掘他们的潜力并帮助他们建立掌控感。 　　围绕左列中的每个行动问题，将用于引导儿童下一个游戏环节的材料、有效提问或指导语列出来。同时，将有助于儿童试验和扩展理论的各种材料，以及一些有效提问或指导语列出来。

(表6.1续)

1	垃圾焚化炉的组成部分和工作流程是什么？	1. 使用K-W-L表看看儿童最有兴趣学什么 2. 观看垃圾焚化炉的整体结构图，并指出它的不同组成部分 3. 打印垃圾焚化炉的图片 4. 之前环节中使用过的垃圾焚化炉视频 5. 回顾性问题 （1）抓斗的作用是什么？抓斗是如何工作的？抓斗还有什么用？（在其他环境中） ① 更近距离地观察小抓斗（手持式垃圾夹），把它拆开来看看它的各个组成部分。这些部分是怎么连接起来，使抓斗既能张开又能关闭的？它与大抓斗有何相似之处呢？ ② 抓斗上的操纵杆是怎样让抓斗动起来的呢？ （2）燃烧室/熔炉是什么样子的？燃烧室/熔炉的作用是什么？你还在哪里看到过燃烧室/熔炉？ （3）传送带是什么样子的？传送带的作用是什么？你还在哪里看到过传送带？ （4）高高的烟囱（烟囱末端会冒出烟来）是什么样子的？它的作用是什么？你还在哪里看到过高高的烟囱？ （5）讨论垃圾焚化炉的工作流程。
2	你会如何表征垃圾焚化炉？	1. 把垃圾焚化炉的每个组成部分画出来 ——铅笔和笔尖比较细的记号笔 2. 搭建垃圾焚化炉的组成部分 ——小号积木 3. 搭建整个垃圾焚化炉 4. 把整个垃圾焚化炉画出来 5. 激发儿童探究的问题
3	什么是可回收材料？	1. 讨论什么是可回收材料（一般情况下） 比较可回收材料与不可回收材料；比较纸与塑料；讨论垃圾与回收问题。整个流程需要多长时间？用文氏图分类；图片卡。 2. 如何对可回收材料进行分类 （用在探究循环3，使用手持式垃圾夹） 3. 从家里带一些可回收材料到班上进行分类（用图表表示） （用在探究循环3，使用手持式垃圾夹） 开始在教室里用垃圾桶回收垃圾。 4. 激发儿童探究的问题（用在探究循环3，使用手持式垃圾夹） 回收的流程是什么？回收时要遵从哪些步骤？如何让回收到的材料变成新的东西？每种材料的回收利用有何不同？

(表6.1续)

4	什么是电？	1. 在小组时间讨论关于电的已有知识（使用K-W-L表） 　在垃圾焚烧过程中，电是在哪里产生的？ 2. 激发儿童探究的问题和指导语 　电是如何工作的？怎么储存？是什么让灯熄灭的？ 3. 电路 （1）串联 （2）并联 （3）创建电路 （4）探索电线 （5）绝缘体 （6）导体
5	探索将食物作为可回收材料。什么是堆肥？	1. 运用K-W-L表了解儿童对于在学校堆肥的想法 2. 有关堆肥的视频 3. 有关堆肥的书籍 4. 激发儿童探究的问题 （1）什么是堆肥？ （2）我们如何在教室里/学校里堆肥？ （3）食物堆肥后会发生什么？ （4）在哪里要用到堆肥？ 5. 把堆肥的想法画出来 　——笔尖比较细的记号笔
	确定大概念。在开始制订计划之前，先想一想你正在与儿童一起研究的问题是什么，可以参照早期学习标准。作为知识渊博的一方，你看到了一幅更大的图景吗？把它写在这里。 　本次探究的大概念是合作解决问题，我们将这个大概念与儿童对垃圾焚化炉的兴趣联系起来。	

左列：探索的假设与问题

左列所罗列出的问题可以帮助你更好地了解儿童：他们在思考什么，他们理解什么，以及他们的目的是什么。同时，你也可以将儿童提出的问题以及你认为儿童可能持有的问题写在这里，比如他们想知道或者探索什么。

（1）**你的行动问题是在探寻对儿童有更多的了解吗？** 比如，儿童可能想知道的事物、儿童的理论、儿童思维的局限性，等等。克里斯蒂娜和弗雷达通过解释儿童的游戏，很快识别出儿童对垃圾处理与焚烧的兴趣。她们努力向儿童提供很多关于垃圾焚烧过程的信息。表6.1中的5个行动问题增进了儿童对垃圾焚烧与回收利用问题的理解。这些问题聚焦于垃圾回收的整个过程，包括回收的一般概念、垃圾焚化炉的操作，以及表征垃圾焚化炉的工作流程。

（2）你的行动问题会引导儿童探寻自己的问题和理论吗？克里斯蒂娜和弗雷达提出了以下问题：

- 垃圾焚化炉的组成部分和工作流程是什么？
- 你会如何表征垃圾焚化炉？
- 什么是可回收材料？
- 什么是电？
- 什么是堆肥（探索食物作为可回收材料）？

在以上5个问题中，有4个问题涉及"是什么"或"什么是"，这表明教师渴望了解儿童关于回收利用话题以及垃圾焚化炉的组成部分有哪些问题。第二个问题涉及垃圾焚化炉的表征，它有助于教师通过绘画手段去促进儿童发展自己的理论，同时儿童运用绘画表征垃圾焚化炉的过程也揭示了他们是如何理解垃圾焚化炉的工作原理和工作流程的。

（3）你的行动问题是否将当前的游戏与儿童以前的游戏联系起来？以上5个行动问题似乎都与儿童之前关于抓斗及其工作原理的游戏有关。儿童提到他们对抓斗很好奇，想知道它是如何把垃圾抓起来，以及它是怎么移动的。在回顾了前面所做的COI观察记录表和思维解释表后，克里斯蒂娜和弗雷达提出了这5个行动问题。这些问题基于前面的游戏活动，旨在引导儿童对垃圾焚化炉工作的细节有更多的了解，并探索垃圾回收过程由哪几个阶段组成。

（4）你的行动问题是否有助于儿童对以前的经验与学习进行回顾和再表征？以上5个行动问题中，其中一个聚焦于帮助儿童通过绘画、建构、再绘画和再建构来表征自己头脑中的垃圾焚化炉。该计划通过探索、表征和再表征呈现了一个有目的的教与学的进程。

（5）你的行动问题是否促使儿童与同伴、教师合作，从而形成一个学习共同体？所有这5个行动问题都旨在邀请一组儿童来探索它们。观察和解释就是以这个核心小组为基础的。

（6）你是否在某个小组中发现了一条可以与全班儿童共同探究的线索？该计划意在让全班儿童参与进来，探索"回收"这一探究线索。探究线索是小概念，它们帮助儿童建构了对垃圾处理与焚化这个大概念的理解。上述表格中，吸引儿童追随探究线索的问题被呈现出来，表明两位教师想要了解儿童对垃圾焚化炉的组成部分和工作流程的已有认知。然而，在这个课程行动计划表中，小组探究与全班讨论之间的联系并不明显。并非每次探究循环都要考虑这样的联系。

（7）你的行动问题有没有联系起来，从多个方面去探索一个大概念？这两位实习教师研究了儿童对垃圾焚化炉及其工作原理的兴趣，并针对该兴趣提出了多个维度，引导儿童共同研究并获得多方面的认识。每个行动问题都源于儿童的兴趣。克里斯蒂娜和弗雷达观察到儿童之间的合作，这促使她们形成了一个"合作解决问题"的大概念，并将其与垃圾焚化炉联系在一起。因此，克里斯蒂娜和弗雷达所规划的课程内容，就是培养儿童的社会技能和促进儿童对垃圾焚化炉相关科学概念的理解。

右列：激发儿童探究的策略

在右列，你可以将自己对材料、提问和指导语的设想写下来，以有效地促进左列中每个行动问题的解决。把 COI 课程行动计划表中的每一行（行动问题和激发儿童探究的策略）都当作下一步探究活动的可能计划。你要最大限度地拓展你的思维，提出 3 行或 3 行以上的问题与策略，并思考儿童下一步最适合探究什么。所以，对于儿童下一步可能做什么，你正在思考多种可能的点子。然而，这并不意味着你要按照先后顺序来实施这些点子。相反，当你迈入 COI 规划过程的下一步时，你会将许多行动问题和策略整合起来，形成一份激发儿童探究的方案。

（1）你提出的激发儿童探究的方案都聚焦于为每个行动问题设计提问吗？克里斯蒂娜和弗雷达把激发儿童探究的策略记录下来，这些策略是多样而详细的。她们的行动问题聚焦于垃圾回收的整个过程，包括回收的一般概念、垃圾焚化炉的机械操作、表征垃圾焚化炉的工作原理以及学习与电有关的知识。她们所提出的激发儿童探究的问题及其表述，聚焦于解决行动问题所需的详细步骤和信息上。针对第一个行动问题，教师们问："垃圾焚化炉的组成部分和工作流程是什么？"在这两位教师看来，识别垃圾焚化炉的组成部分和工作流程是儿童了解垃圾焚化炉工作原理的第一步，也是重要的一步。这是两位教师为了了解儿童是如何学习的而采取的一种教学方法，即研究儿童所持的理论在前，研究儿童学习的事实在后。这种教学方法与许多传统的教学方法刚好相反。

第二个激发儿童探究的方案聚焦于儿童运用绘画和三维结构来表征垃圾焚化炉。这一反复表征的过程将儿童的探究引向新知识的建构，因为每一次新的表征都会产生新的问题。第三个和第四个激发儿童探究的方案，也很好地呼应了行动问题。

（2）你有没有通过引入新材料或更换材料来增加儿童的探索机会，以便他们可以看见自己的思维,更好地理解自己的想法,获得新的视角,或者了解材料的特性?垃圾焚化炉的图片、简易的机械设备的视频和用于分类的可回收物品等材料,以及关于电的讨论活动,都能加深儿童对垃圾回收过程的认识。这些多样化的激发策略与教师对儿童游戏的观察和解释有着直接的关系。她们通过观察和解释认识到,儿童想要知道垃圾焚化炉是怎样工作的以及垃圾处理过程中发生了什么。

在这张课程行动计划表中,识别垃圾焚化炉的组成部分和工作流程是儿童了解垃圾焚化炉工作原理的重要一步,也是第一步。为了引导儿童探索第一个行动问题,克里斯蒂娜和弗雷达准备了垃圾焚化炉的图片,让儿童辨别垃圾焚化炉的各个组成部分(如抓斗、燃烧室/熔炉、传送带、高高的烟囱)并讨论焚烧过程。她们计划带领儿童再次回顾垃圾焚化炉的视频,并讨论它的工作原理;同时,帮助儿童将简易的机械设备与垃圾焚化炉的组成部分联系起来。在第二个行动问题的指引下,教师要求儿童先画出和建构出垃圾焚化炉的每个组成部件,然后建造一个完整的垃圾焚化炉。这些方案表明教师想要增加儿童探索的机会,希望儿童通过材料来表现他们的思维,从而让他们的思维变得可见。

(3)你是否设计了一些指导语来引发儿童之间的对话,从而进一步探索他们在玩新游戏过程中的思维?虽然克里斯蒂娜和弗雷达设计了许多有效提问来促进儿童学习,但是这个课程行动计划表并没有呈现她们对有效指导语的设想。有效提问能推动对话向前发展,诱发儿童把自己的想法说出来,这样儿童就可以主导对话的进行。在这个课程行动计划表中,每一个激发方案都包含讨论。这说明,两位教师重视儿童在学习情境中的对话。

两位教师还在课程行动计划表中写了这样一句话——"近距离地观察这个小抓斗(手持式垃圾夹),把它拆开来看看它的各个组成部分"。这句话为她们促进儿童的游戏指明了方向,但其实教师可以将它作为有效的指导语说给儿童听,因为它能让儿童行动起来。此外,另一句有可能指导儿童进行绘画的指导语是"把垃圾焚化炉的不同部分指给我看看"。

(4)你是否设计了引导性问题来促进儿童之间的对话,以进一步探索他们的思维,或让他们在玩新游戏过程中提出自己的问题?在这个课程行动计划表中,针对每一个行动问题,两位教师在提出激发性问题时都是先从"是什么"或"什么是"入手,然后转向"如何做"。之后的子问题聚焦于通过开放式提问来呈现事实,以及将探索材料当作儿童建构知识的一种手段。

这些激发性问题包罗万象,以激发儿童对垃圾焚化炉与垃圾处理这一主题进行多方面的深入探究。设计这些问题的目的，是希望儿童对自己正在进行的研究过程做出解释。有些问题建议儿童进行一些探索，以帮助他们理解有关回收过程的概念。有些问题则是教师想要进一步探究儿童的思维，比如，什么是回收过程？回收有哪些步骤？每种材料的回收利用方式有何不同？

进一步反思与探究

观察、解释、制订计划、进行干预是 COI 课程的整个规划过程。当你遵循这一过程去开发课程时，你就像一名研究者——与儿童一起研究和研究儿童。你需要在多个层面上进行发散式思考，以设计出与儿童的思维和他们以往的经验相衔接的学习活动。在 COI 系统中，本阶段需要你付出一些时间，但是相信我，你的付出是值得的。当你想方设法制订课程行动计划时，尤其是当你与搭班教师或其他同事一起合作制订课程计划时，这种需要智慧深度参与的工作让你不再仅仅是课程的输出者或课堂管理者。你正在把自己的推测转化为行动问题，而这些行动问题为你激发儿童的游戏提供了框架。你将与儿童共同研究、共同学习，与他们一起投入智力劳动中（Edwards, Gandini, & Forman, 1998; Hill, Stremmel, & Fu, 2005; Stacey, 2009）。

为了更深入地思考如何提出行动问题，以及制订课程行动计划，你不妨尝试以下建议。

- 接下来的一周，关注儿童正在想什么和做什么，并把儿童的这些经历记录下来。
- 关于儿童的这些学习经历，你会提什么问题呢？你会不会就儿童对某个主题的错误认识或就他们是否为进入更复杂的主题学习做好准备而提问呢？
- 你认为，儿童在探索过程中可能会对什么好奇呢？
- 邀请搭班教师进入儿童所在的学习区进行观察，记录儿童正在做的事情，这样他也可以提出自己的问题。然后，比较一下你们所提出的问题有什么不同，并试着从对方的视角中获得灵感。
- 在针对儿童的经历进行提问时，注意，你正在对儿童的所思所想进行假设。之后，比较一下"解释儿童的思维"与"就他们的思维提出问题"之间有何区别。
- 在某一学习区拍摄一段儿童活动的视频，然后与同事一起观看视频，并一起提出课程行动问题。

第 7 章

设计与实施探究激发方案

本章将引导你思考：COI课程开发的前几步（观察、解释和提出课程行动问题）会怎样影响COI探究激发方案的设计？在前面几步，你需要发散式地思考问题；现在，你则需要聚合式地思考。这就要求你把头脑中冒出来的各种不同想法整合成一份方案，并与儿童一起实施。本章，我们还将就如何实施激发方案提供一些建议。

观察、解释、了解儿童的需求与想法需要你投入精力，设计激发方案也同样需要你花费心思。你要考虑以下问题：准备什么材料？以什么样的方式呈现这些材料？说什么或问什么？以什么样的方式说或问？这些问题如何解决，对儿童的思维和行动的方向起着导向作用。作为成人，你来自儿童的同伴文化之外。因此，你需要通过精心的设计去引导生成性探究的方向，使之尽量贴近儿童的思维和他们的同伴文化。所谓激发方案，是指你对环境所做出的一系列调整，包括：进入儿童的游戏，对学习小组进行重组，以及变换材料。这些举措可以改变儿童的游戏、探索和研究。探索儿童的思维会给你提供很多奇思妙想，进而促使你通过系统地干预去巧妙地支持儿童的探究，让儿童感觉这种干预就是他们自己经历的自然延伸。

生成性探究课程之所以是课程，是因为它们遵循合理的流程。它们自然地向前发展，为儿童和教师揭示意义。由于课程实施过程中可能会有不同的走向，因此并非所有儿童都追随单一的探究线索。比如，在蓝草音乐探究项目中，有些儿童致力于扮演乐手，有些儿童专注于创作乐谱以供同伴用乐器演奏出来，还有一组儿童在探索乐器及其发出的声音。

这些探究线索让探究活动朝着儿童感兴趣的方向推进。当所处的环境或情境发生了轻微的调整时，不同的探究小组可能也会随之改变他们的探究方向。然而，通过对生成性探究课程做出周全而审慎的规划，你能够引导这些不同的探究线索顺畅地展开。

在设计激发方案时，需要思考以下4个问题：

- 你为什么要干预?
- 你想要努力实现的目标是什么?或者,你想帮助儿童实现什么目标?
- 你会怎样使用资源?
- 你会如何进入和退出儿童的活动,以帮助他们学习和掌握需要知道的知识?

思考儿童的对话与表征

你之所以会对生成性探究课程感兴趣,可能是因为:你想让儿童积极地融入他们所处的环境,与环境互动;为儿童提供形成目标的机会;发现儿童对事物的内在表征如何起作用;引发儿童产生好奇和感到困惑;当儿童想要认识某些事物时,与他们一起进行深入探索。你可以采用多元化策略让这样的学习发生,比如,邀请儿童运用各种材料表征自己的思维,与儿童一起围绕他们的想法和目标展开真实的对话。这个过程也发展了你的能力——设计对话,以引发儿童间的相互讨论。此外,你还学会关注儿童与材料之间的对话,并尝试解释这种对话的意义。比如,罗杰一直在探索如何将所有玩黏土的工具插到自己的黏土建构作品上。最后,教师所提供的小棍、勺子、刀子等玩黏土的工具都变成了他的"黏土城堡"的某个部分,承担了相应的功能。或许,在他的头脑中,他将这里的每件工具都想象成一座高高的塔。

罗杰将所有的工具都用在了他的建构作品中,没有漏掉任何一件。他说:"这是一座城堡。"

米歇尔与材料对话的方式是她专注地往一罐水里添加黏土,然后又向罐子里倒了些水。此外,她还使用一把塑料刀将罐子上面的黏土表面抹平。当她注意到黏土从罐子上面流下来滴到桌子上时,她说:"它正在融化。"她可能把黏土跟自己所知的冰或雪联系到一起了,认为它也可以从固态变成液态。

米歇尔将黏土倒在水罐里,把黏土抹开。她又加了些水,然后用塑料刀继续将黏土抹平。米歇尔说:"它(黏土)正在融化。"

艾莉森是这两个儿童所在班级的教师。她阅读了一些介绍瑞吉欧教育实践的书籍,书中儿童对黏土的运用给她带来了灵感。尽管她自己没有多少指导儿童玩黏土的经验,但她还是勇敢地把黏土、玩黏土的工具和水投放到班级中,同时给予儿童充足的时间,让儿童在不受打扰的情况下自由地探索这些材料。她不知道自己该期待什么,也不知道该怎么使用黏土,但是她有强烈的动机去观察和记录,以便可以从儿童的经验中获得学习。事实上,每个儿童都是带着不同的想法使用黏土、玩黏土的工具和水的。儿童的行为表明,他们并没有将小棍、勺子、塑料刀等材料视为玩黏土的工具,而是把它们和黏土一起当作建构材料。艾莉森把儿童探索黏土和工具的特性,以及他们探索"水对黏土的影响"这一过程都记录了下来。

我们不清楚儿童是否会自己设计课程去挑战和扩展他们有关黏土、黏土工具的特性以及水对黏土的影响或黏土对水的影响等问题的思考。不过,儿童很有可能从自身的经验中得出一些"幼稚"的结论。尽管摆在面前的黏土让儿童产生了探究的动机并投入其中,然而如果艾莉森和她的同事没有引导儿童采用新的方式观察黏土,并追随多条探究黏土的线索,那么把黏土与水混合、将黏土与现有材料结合的魅力将会逐渐消退。教师的指导最终将引导儿童掌握操作黏土以进行外在表征的基本技能。为此，艾莉森和她的同事选择重新关注儿童。她们反思了观察记录，提出了行动问题和干预措施，并将这些想法整合成一份激发儿童探究的方案，以帮助儿童了解黏土的更多特性，以及学习通过使用工具或不使用工具来探索黏土。

聚焦于儿童的智力参与

当儿童在游戏中获得错误的概念时，或者当儿童的兴趣在当前无法得到满足时，正是规划学习机会以推动课程向前发展的大好时机。"黏土真的在融化吗？""如果没有工具和水，儿童能发现黏土具有可变形的特点吗？"当你在观察过程中提出这样的问题时，你就意识到了儿童还存在一些困惑，他们关于世界的理论还不完整或不那么令人满意，他们需要进一步探索（DeVries et al., 2002；Duckworth, 2006）。因此，你需要进行规划，邀请儿童使用这些材料做实验，以挑战和发展儿童的知识和思维。

在上述黏土案例中，艾莉森和她的同事发现，这个短暂的活动促使儿童形成了关于黏土和黏土工具的理论，而这些理论又蕴含着开发多条探究线索的可能性。比如：① 在没有工具或水的情况下，探索黏土；② 使用最少的工具探索黏土；③ 比较使用大块的黏土与使用许多小块的黏土之间的差异。由于儿童将这些工具用作他们建构作品的一部分，因此，艾莉森和她的同事想象着要以一种新的方式呈现黏土，即不提供工具或水，只提供黏土，这样或许会促使儿童用双手操作黏土。就这样，她们基于对所做观察记录的思考，制订了这样一份计划，并将其写在COI探究激发方案设计表上。

对于这种新的材料呈现方式，儿童的回应大大鼓舞了教师。教师将儿童的这种默默地操作黏土的行为解释为儿童正在跟黏土进行有意义的"对话"，因为儿童正在就自己的动作（如击打、滚、撕、捏等）如何改变黏土的形状建构自己的理论。

在设计生成性探究课程时，我们的目标有两个：既要紧紧追随儿童的想法、需要和兴趣，又要满足儿童成长和工作的需要。在这个黏土案例中，儿童在持续专注活动的同时，聚焦于玩黏土的新方法。在继续分享本案例之前，让我们先来看一看COI探究激发方案设计表，了解一下这张表格如何帮助你实现这两个课程目标。

苏菲把黏土揪成小块,再将它们捏在一起做出各种造型

罗杰发现了操作黏土的多种方法,包括用手肘击打黏土

了解 COI 探究激发方案设计表

在填写 COI 探究激发方案设计表(见附录 4)时,为了使你所设计的生成性探究课程方案既贴近儿童的思维又能拓展儿童的思维,你需要再次翻阅之前所做的观察记录表和思维解释表,以及重新回顾一下之前所提的行动问题。你对儿童思维的思考是设计生成性探究课程下一步的理由或依据。这张表格由几部分构成,供你填写下一步课程的具体计划。

首先,你要提出一个有据可依的行动问题,然后聚焦于材料、环境布置和提问这三个要素来设计激发方案。你所选择的材料既要为儿童提供探索的机会,又要为他们创造建构理论的机会。你要思考如何布置环境,尽可能通过材料自身向儿童发出探究的邀请,让他们能够以"少问成人"的方式进行探索。其实,你只需问问自己,儿童在不寻求帮助的情况下是否知道该做什么,就能判断环境布置是否适宜了。此外,你也需要多想几个有效的提问,以便在需要的时候引导儿童进行新的思考和提出新的问题。我们的目标是，在尽可能不干扰儿童注意的情况下与他们进行有效的互动。

探究激发方案的整个设计过程需要你进行聚合式思考。"聚合式思考"是创造性理论学派所提出的一个术语，它描述了将许多发散的想法聚合成一个最有可能向前推进的想法这一思维过程。与前面的COI表格一样，本表要把探究激发方案所涉及的大概念或正在追随的探究线索作为标签记录下来。此外，还要记录探究激发方案设计者的名字、参与本次活动的儿童名字、活动预计发生的区域、活动预计发生的日期和时间等。

行动问题：让你的目的清晰

为了让儿童的游戏更聚焦于智力活动，你要设计可以供儿童探索的问题。明确谁的问题可以激发儿童探究，这一点非常重要。这个问题可以是你针对儿童提出来的，也可以是儿童自己提出来的。你可以重新审视行动问题并从中选择一个，也可以把其中的一个或多个问题重组成一个新问题。

基于对儿童思维的观察与推测

这一部分将你的行动问题与"你为什么认为这个问题对儿童很重要"联系起来，同时提供了从游戏中观察到的相关证据。

1. 理由

重新翻阅COI观察记录表的备注一栏和思维解释表，它们记录了你对儿童思维的思考。利用这些信息阐述一下，你为什么要选择这个行动问题来设计探究激发方案。这样做就使你的课程计划紧紧围绕儿童的思维而制订。

2. 证据

你应该从观察记录表中找到确切的证据，从而证明探究激发方案是以儿童的思维为依据的。从记录了整个游戏情节的档案中把观察到的细节找出来，并将这些内容复制到COI探究激发方案设计表的证据部分。这些证据可以说明你为什么要设计这一方案。因此，它们必须被原封不动地从观察记录表（即儿童的名字、动作、语言等）复制到本表中。

大概念：确定大概念

为了使探究激发方案聚焦，你需要确定一个大概念。记住，你所提出的行动问题只是代表了你和儿童有可能追随的探究线索，大概念则是将几条探究线索联系起来的一个核心框架（Chaille，2008）。你如果对什么是大概念还不是很清楚，那么可以复习一下本书第 3 章的相关内容。

在探究激发方案的设计阶段，在不同的探究循环间，大概念可以始终保持一致，也可以做些调整。但是，无论哪种，你都要把该方案中所包含的大概念记录下来。

设计激发方案

在设计激发方案时，你将体验到未雨绸缪的重要性。你需要提前思考具体投放什么材料，如何布置环境，以及向儿童提哪些问题，以引导下一步探究课程的实施。

1. 材料

在选择材料时，你要考虑到它们的可供性，以及它们能否激发儿童去建构自己的理论。同时，你还要考虑到这些材料对儿童而言是不是新材料，是否需要给儿童留出充足的时间去深入地认识这些材料的特性和可能性。如果这些材料是儿童所熟悉的，那么你就要考虑它们是支持儿童下一步探究的最佳选择吗？儿童能够熟练地使用它们来实现预期的目标吗？需要为儿童提供最低限度的、开放式的示范，以便既向他们表明使用材料的恰当方式，又鼓励他们在工作中独立而发散式地思考吗？现在是为了一个新目标而引入熟悉的材料的合理时间吗？

此外，你还要考虑，材料与探究激发方案所聚焦的概念匹配吗？让我们回想一下本书第 6 章所分享的儿童搭建炉灶的案例。在该案例中，教师发现，相比于蛋托，老式电影放映机上的圆形胶片卷轴更能引导儿童思考灶眼的功能。另外，你还要考虑，为了选择最适合的材料，有必要去咨询一下相关专家吗？例如，画家、科学家、舞蹈家、音乐家，等等。

2. 环境布置

用文字描述你会如何布置环境，从而让材料指引儿童探究。你可以通过布置环境来拓展或限制儿童的活动。你希望，儿童在不需要成人干预的情况下知道该如何进入其中体验。如果你打算对环境进行调整，不妨从多个角度考虑一下你即将投放的材料。比如：儿童与你分别如何看待材料的使用方式？材料可以给儿童提供哪些机会？材料的特性会如何邀请儿童进行探索？如何以不同寻常的方式呈现材料，以突显对材料特性的新想法，并引起儿童质疑自己所持的理论？当你对环境布置的描述具体到一个替代你的教师也能理解时，说明你已经为促成探究激发方案的实施做好了心理准备。

3. 问题

你可能使用哪些问题或指导语来有效地促进儿童围绕本方案中确定的概念进行思考和学习呢？在这部分，你要将这些问题或指导语写下来。当然，这并不意味着你在跟儿童互动时要全部使用它们，或者使用其中的一部分。太多的提问或过度指导，反而会扼杀一个孩子的专注力。你应该视情形而定，在儿童能够接受的时候再使用这些问题或指导语。在这个过程中，你要让儿童始终拥有一种自主感。提前设计好问题，能够让你为不可避免的意外情况做好准备，因为儿童参与的是一个开放的、非线性的探究过程；同时，也能够让你追随儿童，因为他们的问题会把你引到全新的方向。

概述流程并给每个步骤编号

这是 COI 探究激发方案设计表中十分重要的部分，它提示你要提前思考如何向儿童介绍激发方案。你认为，儿童会在你准备好的区域里做什么？什么样的流程能够鼓励他们明确地提出自己的问题、目标并追随自己的目标？哪种形式的课程档案能最有效地捕捉这些经验？关于流程，以下建议可供参考。

- 与核心小组进行一次聚焦式讨论，鼓励他们回顾以前的经验，或就新的内容展开对话。
- 带领全班儿童召开一次聚焦式会议，回顾核心小组的工作，目的是向同伴们介绍新的点子，并得到同伴们的反馈。
- 邀请儿童在某个区域中探索材料，材料的布置方式要能激发他们形成与材料有关的问题和目标，并有助于你了解他们对材料的新认识。
- 时机合适时，邀请儿童运用材料表征他们对某个概念的思考。
- 采用视频、音频、照片或书面形式进行记录。此外，还可以将儿童创作的作品保留下来作为课程档案，比如绘画作品或雕塑作品。

上述建议只是代表了一部分策略，实际上你使用的策略远不止于此。在这部分，你还要说明你将如何记录游戏，方便你在未来规划课程时再次翻阅这些记录。请把流程写清楚，以便其他教师可以合理地遵循它们。

使用 COI 探究激发方案设计表：黏土探究案例

接下来，我们将以本章前面介绍的黏土探究活动为例，指导你如何使用本表。

行动问题：让你的目的清晰

首先，艾莉森老师和她的同事重新回顾了她们之前所做的 COI 课程行动计划表。在该表中，她们所列的问题与她们认为儿童第一次体验时如何思考黏土有关。儿童的经验包括：用小块黏土填满容器；把玩黏土的工具变成建构作品的一部分；利用水试验黏土的稠度，以及偶尔用手摆弄黏土。教师们将这些行动问题记录如下：

1. 儿童能不能用更大的黏土或更小的黏土塑形呢？
2. 在没有工具的情况下，儿童还有没有玩黏土的兴趣？能不能建构黏土作品呢？
3. 儿童知道这些工具是专门用来玩黏土的吗？我们能否帮助他们更老练地使用这些工具？
4. 我们能否帮助儿童更好地意识到水对黏土建构活动的影响？水对黏土操作活动有多重要？

这些行动问题揭示了教师们的首要关注点：如果没有工具或水，儿童玩黏土时可能会发生什么？如何帮助他们对工具的功能和水的作用有更多的了解？从这个角度看，艾莉森和她的同事并没有选择其中一个行动问题来指引探究激发方案的设计，而是将多个行动问题凝练成两个新问题，以激发儿童接下来对黏土进行探究。

- 在没有工具和水的情况下，儿童能从玩黏土中获得什么认识？
- 如果只使用双手，他们会用什么方式操作黏土呢？

基于对儿童思维的观察与推测

艾莉森从 COI 思维解释表中找到了提出这些行动问题的理由,并从 COI 观察记录表中复制了来自儿童游戏的相关证据。

1. 理由

艾莉森和她的同事从思维解释表中找到了理由,将她们对观察记录的思考与课程规划的新方向联系起来。

> 我们看到儿童以各种方式使用这些工具,他们甚至把它们当作建构材料而不是玩泥的工具。这让我们觉得,或许是因为我们没有给他们提供用手探索黏土的机会。所以,我们想在提供更少工具的情况下,让他们再次玩黏土,这样他们或许就会用自己的双手探索黏土了。
>
> 我们还看到,儿童在玩黏土时往上面倒了很多水。我们认为,他们最感兴趣的是把我们所提供的材料都用起来,看看每样材料都能做什么。我们想限制材料的提供,这样儿童在探索黏土时或许会更关注黏土本身。

2. 证据

来自 COI 观察记录表中的证据,将教师们设计的问题以及她们提出这些问题的理由联系起来。

> R 将所有的工具都用在了他的建构作品中,没有漏掉任何一件。"这是一座城堡。"他说。
>
> S 拣出一些黏土,把它们放到漏斗里,直到塞满为止。
>
> J 把黏土装到金枪鱼罐头里,用塑料刀将黏土表面刮平。"我做了一个蛋糕。"他说。他找到一个新工具——一把塑料小耙子,然后将其掠过金枪鱼罐头的黏土表面,看看它会在黏土表面留下怎样的痕迹。
>
> M 将黏土倒在水罐里,把黏土抹平。她又加了些水,然后用塑料刀继续将黏土抹平。"它(黏土)正在融化。"M 说。

大概念：确定大概念

艾莉森和她的同事认为，她们的大概念把许多行动问题整合起来并形成一个课程框架。

> 运用审美和艺术的方法探索黏土这种表征语言，通过工具的使用加深儿童对黏土特性和表达潜力的认识。

设计激发方案

艾莉森清楚地知道自己会提什么问题，也明白这些材料将如何引导儿童的探究过程。对于探究激发方案的设计，她已经成竹在胸。

1. 材料

艾莉森和她的同事列出了活动需要的所有材料，以促进儿童围绕前面提到的两个行动问题展开探究。

> 材料：4份大块黏土分别以不同的方式呈现在4个儿童面前；用于玩黏土的木板；放在儿童视线之外但又便于儿童取用的水，以备不时之需。

2. 环境布置

把黏土摆成4种不同的形状，邀请儿童触摸和操作。由于儿童深度参与到活动中，因此小组成员之间几乎不需要交谈，也不需要教师的帮助。艾莉森只需站在儿童的身后观察，并用观察记录表和照片进行记录。就这样，材料的摆放方式及教师的一句简单提示语——"让我看看，你可以用手怎么玩黏土"，就可以引导儿童将以前的游戏经验与新概念紧紧联系起来。

艾莉森布置的环境如下：

黏土被放在 4 块木板上，每块木板都像在召唤一个儿童来玩。桌边有 4 把椅子，4 块木板被分别放在 4 把椅子前面，这也是一种视觉提示，即"每个儿童一块木板"。此外，每块木板上的黏土呈现方式都不同：一块扁平的黏土，一块团成一团的黏土，一块高高的圆柱形黏土，一块被搓成圈的黏土。

艾莉森把如何布置材料描述得非常清楚。这样，即使她不在，另一位教师也可以组织这次活动。她思考了儿童会如何"阅读"该区域的布置目的，因此将黏土以各种不同的形状呈现，以激发儿童采用多样的方式玩黏土。同时，将椅子、木板和黏土一一对应地摆放，这也是在暗示儿童：这张桌子可容纳 4 个人工作。

3. 问题

艾莉森准备了如下问题和指导语：

* 让我看看，你可以用手怎么玩黏土？
* 你是怎样玩黏土的？
* 你可以用多少种不同的方法来玩黏土？
* 你会用以下黏土做什么？
   » 一块扁平的黏土
   » 一团黏土
   » 一块高高的圆柱形黏土
   » 一块被搓成圈的黏土

概述流程并给每个步骤编号

针对这一鼓励儿童自主性的开放式探究活动，艾莉森和她的同事列出了活动流程，概述了它的整个发展过程。

1. 邀请儿童玩黏土："让我看看，你可以用手怎么玩黏土？"
2. 引导儿童想出尽可能多的方法来玩黏土。
3. 鼓励儿童在玩黏土时一起讨论他们的操作过程。
   a. 与同伴分享新策略
   b. 与同伴分享关于作品的想法
   c. 与同伴分享有关材料的问题
4. 仔细观察并将整个活动过程记录下来。
5. 如果儿童停下来或被困住了，或者如果有机会分享一种新的玩黏土方法，教师可通过示范材料的用法、对话或提问进行指导。
6. 用照相机记录和写书面观察记录。

使用 COI 探究激发方案设计表：从垃圾焚化炉项目中获得学习

本节将分享垃圾焚化炉项目中的三张 COI 探究激发方案设计表，每次的探究循环各一张（见表 7.1—7.6）。这三张表格体现了，克里斯蒂娜和弗雷达是如何达成 "COI 探究激发方案检核表" 中所罗列的各种标准的。两位教师在回顾了 COI 观察记录表、COI 思维解释表和 COI 课程行动计划表的基础上，填写了 COI 探究激发方案设计表。

克里斯蒂娜对这一表格与课程规划的相关性做出如下评论：

探究激发方案的设计，必须基于我对儿童想法的思考。我认为，对儿童的想法进行推测是这个阶段课程规划的主要部分，同时它贯穿整个 COI 过程。在这个部分，我必须以儿童的行为和语言为证据，说明我为什么要朝着这个探究方向迈进。我认为，这些证据使我的课程有可信性，也有助于我对自己的推理负责。我能够根据对儿童思维的推测来表明，我为什么会这样思考。每当要设计探究活动时，我都会再次审视我对儿童提出的大概念和问题。这是一个很好的方法，让我始终不偏离课程的目的。

表 7.1　垃圾焚化炉项目之探究激发方案设计表（探究循环 1：第 1 页）

标签：垃圾焚化炉项目——计算机与绘画 设计者：克里斯蒂娜和弗雷达	日期：1 月 27 日

把你的想法纳入计划

这里需要你进行聚合式思考。利用你思考儿童游戏时产生的想法，制订一份干预计划。尽可能提供足够详细的信息，以便其他人可以实施你的干预计划。

区域：玩探究活动的地毯区

参与者：两个核心小组

日期和时间：星期二（1/27）和星期四（1/29）下午的探索活动时间

行动问题：让你的目的清晰。

重新审视你的行动问题，你正在致力于哪个问题或哪些问题？你是否已经看到游戏中出现了一条清晰的线索？

垃圾焚化炉的组成部分和工作流程是什么？

基于对儿童思维的观察与推测

理由	证据
回顾观察记录、备注和你对儿童思维的解释。书面阐述你为什么要选择这个行动问题与儿童一起探索。 儿童对垃圾焚化炉很感兴趣。我们之前观看了一段视频，它介绍了垃圾焚化的过程。有些儿童能够回忆起视频中的一些情节。我们想把这个视频再放一遍，这样更多的儿童就有机会观看它并从中获取信息。我们想给儿童介绍一张 K-W-L 表，然后根据视频并结合本学期接下来要探索的内容填写该表。	重新翻阅观察记录表，将那些有助于你形成问题的动作和语言复制下来。 我知道它会变成蒸汽。 我们要制作一个垃圾焚化炉，我想做一个抓斗。（指着瓶子）把这些东西运到火里去。 （指着塑料容器）这个可以用来做大抓斗。它看起来就是这个样子的（他把它放到传送带上）。 （把垃圾放进抓斗里，假装用抓斗把垃圾抓起来） 好了，它在传送带的进料斗里了。把它放到火里烧过后，就会留下一堆灰。（他和伊恩把垃圾都放在传送带上）现在，这些都变成灰了！这里很多垃圾都变成灰了。

大概念

确定大概念。在开始制订计划之前，花一分钟时间思考一下你正在和儿童探索的行动问题。

你看到一幅更大的图景了吗？你所识别出的探究线索在各个探究循环间是如何保持一致的？如果你发现它们以某种方式联系在一起，这说明你可能已经确定了一个大概念。把你的想法写在这里。

在我们班上，大概念是合作和解决问题。我们正在将这一大概念与儿童对垃圾焚化炉的兴趣结合起来。在这节课上，儿童正在思考他们想学的东西，并相互讨论彼此的想法、观点和预测，最终形成结论。

表 7.2　垃圾焚化炉项目之探究激发方案设计表（探究循环 1：第 2 页）

设计激发方案：它要与师幼正在探索的问题相匹配

材料：根据可供性和能否激发儿童建构理论来选择材料。	环境布置：设计游戏环境，使之成为"第三位教师"邀请儿童来探索。描述你将如何布置环境，以便让材料引导这个游戏。	问题：提前设计一些有效的提问，以便在儿童游戏时与他们互动。
• 计算机 • 以前观看过的视频 • 文档 • 纸 • 笔尖比较细的记号笔 • 小号积木和积木砖	计算机周围摆放了椅子，每次可供 4~5 个儿童就座。计算机左边的屏幕以文档展现 K-W-L 表，右边的屏幕用于播放视频。 　　在观看完视频后或第二天，邀请儿童坐在桌前把他们对垃圾焚化炉的已有认知画出来。桌子上每个座位前都摆放了纸、记号笔以及一小堆积木和积木砖。	当儿童坐在椅子上观看视频和图表时，进行提问： • 关于这个视频，你还记得什么？ • 你从这个视频中学到了什么新东西吗？ • 有关垃圾焚化炉，你想了解些什么？ 当儿童坐在摆放了绘画材料的小桌子旁时，进行提问： • 把你对垃圾焚化炉的了解画出来。 • 垃圾焚化炉的这个部分叫什么？ • 展示一下传送带移动的样子。 • 灰烬是如何变成蒸汽的？ • 蒸汽是什么？ • 关于回收利用，你还记得什么？展示一下。

概述你的流程：用 1、2、3 等数字为每个步骤编号。

　　你会如何向儿童介绍你的激发方案？你会先组织一个聚焦式的核心小组讨论会，或者召开一个聚焦式的班级会议，然后邀请儿童探索某个区域的材料，鼓励他们用材料表征自己的想法，并与儿童展开对话吗？这些只是你使用的众多策略的一部分。想一想你将要做的事情，包括**你将如何记录游戏**，以便对所发生的事情进行评价，并据此制订计划。把你的步骤写下来，这样其他教师就可以合理地遵照它们开展工作。

　　1. 小组活动时间，告诉儿童，接下来他们将再次观看垃圾焚化炉的视频，看看他们能否想起第一次观看视频时看到了什么，并从再次观看中学到新的东西。
　　2. 邀请儿童坐在计算机旁边的椅子上，并向他们介绍 K-W-L 表。（"我们将要观看垃圾焚化炉的视频，但是首先我想给你们看一种新的图表。我们今天要来看看这里，并试着回忆一下我们已经知道的有关垃圾焚化炉的秘密。"）
　　3. 儿童分享了关于垃圾焚化炉他已经知道了什么，他们想要了解什么，以及他们仍感疑惑的地方。（"你还记得视频里的其他内容吗？你从我们的探索中了解到了什么？关于垃圾焚化炉，你还想知道什么？我会把你们的想法写在这里。你们想知道它的某个部分吗？"）
　　4. 儿童观看视频并回答问题或提问。
　　5. 观看视频后，儿童将会和坐在身边的小伙伴聊聊，他们关于垃圾焚化炉学到了哪些新知识。然后，大家一起讨论他们学到了什么。（"你和同伴谈了些什么？"）
　　6. 儿童将转向另一项研究。然后，带领每组儿童重复步骤 1—8。
　　7. 小组讨论后，邀请儿童去绘画桌旁画画。
　　8. 邀请儿童将他们对垃圾焚化炉、垃圾焚化过程以及垃圾焚化炉工作原理的认识画出来。
　　9. 必要时，利用适宜的问题与儿童进行互动。
　　10. 收集儿童的绘画作品，连同视频、照片和书面观察记录一起作为儿童探究活动的档案材料。

表 7.3 垃圾焚化炉项目之探究激发方案设计表（探究循环2：第1页）

标签：垃圾焚化炉项目——探索抓斗　　　　　　　　**日期**：2月3日
设计者：克里斯蒂娜和弗雷达

把你的想法纳入计划
这里需要你进行聚合式思考。利用你思考儿童游戏时产生的想法，制订一份干预计划。尽可能提供足够详细的信息，以便其他人可以实施你的干预计划。
区域：积木区
参与者：开放
日期和时间：星期二（1/27）和星期四（1/29）下午的探索活动时间

行动问题：让你的目的清晰。

重新审视你的行动问题，你正在致力于哪个问题或哪些问题？你是否已经看到游戏中出现了一条清晰的线索？

垃圾焚化炉的组成部分和工作流程是什么？

基于对儿童思维的观察与推测

理由	证据
回顾观察记录、备注和你对儿童思维的解释。书面阐述，你为什么要选择这个行动问题与儿童一起探索。 在与儿童一起进行了第一次探究之后，我们将主要焦点放在了抓斗及其工作原理上。我们希望儿童有机会探索如何把抓斗打开和合上。儿童将使用手持式垃圾夹来观察这种运动，并理解其中的因果关系，即当他们推动操纵杆时，垃圾夹就会动起来。最后，儿童还会把垃圾夹拆开去研究它的各个组成部分，以及它是如何把东西夹起来的，但那将是另一节课的内容。	重新翻阅观察记录表，将那些有助于你形成问题的动作和语言复制下来。 ——我知道，抓斗会降下来，把垃圾抓起来，然后丢到进料斗里。 ——我记得，抓斗会摇晃，把可回收的瓶子抓起来。它不断地升起放下，升起放下。 ——我不知道抓斗是怎么移动的。 ——我想知道抓斗是怎么抓垃圾的。 ——我想知道抓斗是怎么工作的。

大概念
确定大概念。在开始制订计划之前，花一分钟时间思考一下你正在和儿童探索的行动问题。
你看到一幅更大的图景了吗？你所识别出的探究线索在各个探究循环间是如何保持一致的？如果你发现它们以某种方式联系在一起，这说明你可能已经确定了一个大概念。把你的想法写在这里。

在我们班上，大概念是合作和解决问题。我们正在将这一大概念与儿童对垃圾焚化炉的兴趣结合起来。在这节课上，儿童将探究的兴趣点聚焦于抓斗是如何工作的，以及如何把东西夹起来。

表 7.4　垃圾焚化炉项目之探究激发方案设计表（探究循环 2：第 2 页）

设计激发方案：它要与师幼正在探索的问题相匹配。

材料：根据可供性和能否激发儿童建构理论来选择材料。 • 手持式垃圾夹 • 各种尺寸的可回收材料 　——瓶盖 　——瓶子 　——罐子 　——盒子 　——纸筒	**环境布置**：设计游戏环境，使之成为"第三位教师"邀请儿童来探索。描述你将如何布置环境，以便让材料引导这个游戏。 　　小组活动后，将材料放在积木区的地板上，将垃圾夹放在一个篮子里供儿童探索。	**问题**：提前设计一些有效的提问，以便在儿童游戏时与他们互动。 • 这些垃圾夹与垃圾焚化炉上的抓斗有什么相似之处？ • 你觉得它是如何打开和合上的？ • 它是怎么把东西夹起来的？ • 你拾起了这个东西后打算把它放在哪里？ • 大抓斗是如何打开和合上的？ • 你认为，抓斗里面有什么？

概述你的流程：用 1、2、3 等数字为每个步骤编号。

你会如何向儿童介绍你的激发方案？你会先组织一个聚焦式的核心小组讨论会，或者召开一个聚焦式的班级会议，然后邀请儿童探索某个区域的材料，鼓励他们用材料表征自己的想法，并与儿童展开对话吗？这些只是你使用的众多策略的一部分。想一想你将要做的事情，包括**你将如何记录游戏**，以便对所发生的事情进行评价，并据此制订计划。把你的步骤写下来，这样其他教师就可以合理地遵照它们开展工作。

激发方案：小组活动时间，告诉儿童接下来将要探索手持式垃圾夹，看看它们是如何像垃圾焚化炉上的大抓斗那样工作的。

1. 当儿童前来探索这些材料时，观察他们是如何与材料互动的。
2. 在儿童运用这些材料进行探索时，我们将会问他们垃圾夹是怎样工作的，从而促使他们开展讨论。（"你觉得垃圾夹是怎么工作的？""为什么它会这样移动？"）
3. 我们也会问儿童垃圾夹是如何打开和合上的，并记下他们的观察和推断。（"你认为，垃圾夹是怎么打开和合上的？""你注意到垃圾夹打开和合上的方式了吗？"）
4. 当儿童探索垃圾夹及其打开和合上的方法时，我们将围绕儿童是否注意到垃圾夹是怎么把东西夹起来并移到另一个地方进行讨论。（"垃圾夹/大抓斗是怎么夹东西的？""夹起来后，你要把东西放在什么地方？""用垃圾夹夹东西容易还是困难？为什么？"）
5. 在儿童探索了垃圾夹如何移动之后，我们将问儿童垃圾夹里面是由什么组成的，并邀请儿童做出推测。我们希望儿童聚焦于因果关系，以及垃圾夹的某些部件是如何使其以不同的方式移动的，这就是结果。（"你觉得这个垃圾夹里面是什么样子的？""垃圾夹的这个部分是如何使其以某种方式移动的？"我们将指着垃圾夹的不同部分问同样的问题。我们还会问："如果我移动这部分，你认为整个垃圾夹会出现什么情况？"）
6. 我们将复习这些问题，回顾垃圾夹的工作原理，以及儿童是如何将手持式垃圾夹与垃圾焚化炉上的抓斗联系到一起的。我们也会鼓励儿童之间进行讨论，这样他们可以互相分享自己的观察和想法。例如，我们也许会对一个儿童说："看看这个小朋友是如何用垃圾夹把可回收材料夹起来的。他们操作垃圾夹时既缓慢又沉着，所以夹起的东西不会掉下来。"
7. 当发现有的儿童在使用垃圾夹夹东西时存在困难，我们会鼓励他们向周围的同伴求助。（"与其来问我，不如请那个小朋友帮助你。我相信，他会帮你把那个东西夹起来。"）
8. 每当有新的小伙伴来到这个区域，我们都会鼓励已经在那里玩的孩子向新伙伴解释，他们正在用垃圾夹和可回收材料做什么。我们还会建议新来的儿童向已经在那里玩的孩子提问或求助，就像步骤 7 一样。

将视频、图片和书面观察记录收集起来，作为儿童探究活动的课程档案。

表 7.5　垃圾焚化炉项目之探究激发方案表（探究循环 3：第 1 页）

标签：垃圾焚化炉项目——近距离观察抓斗的功能　　　　**日期**：2 月 10 日
设计者：克里斯蒂娜和弗雷达

把你的想法纳入计划
这里需要你进行聚合式思考。利用你思考儿童游戏时产生的想法，制订一份干预计划。尽可能提供足够详细的信息，以便其他人可以实施你的干预计划。
区域：小组活动时间，厨房区的桌子上
参与者：
日期和时间：2/10

行动问题：让你的目的清晰。

重新审视你的行动问题，你正在致力于哪个问题或哪些问题？你是否已经看到游戏中出现了一条清晰的线索？

垃圾焚化炉的组成部分和工作流程是什么？

基于对儿童思维的观察与推测

理由	证据
回顾观察记录、备注和你对儿童思维的解释。书面阐述，你为什么要选择这个行动问题与儿童一起探索。 在儿童探索手持式垃圾夹时，我们开始讨论它们是如何工作的以及是什么让它们打开和合上的。我们希望儿童有机会探索：当按压操纵杆时，垃圾夹内部发生了什么导致它合上。	重新翻阅观察记录表，将那些有助于你形成问题的动作和语言复制下来。 ——当你按下去时，它会打开又关闭。 ——这个金属的东西，它穿过它。然后，它就合上了。 ——我把它们接到一起了。 ——当你把它往上拉时，它就合上了。 ——打开，关闭，打开，关闭。夹子正在夹东西（转移东西）。

大概念
确定大概念。在开始制订计划之前，花一分钟时间思考一下你正在和儿童探索的行动问题。
你看到一幅更大的图景了吗？你所识别出的探究线索在各个探究循环间是如何保持一致的？如果你发现它们以某种方式联系在一起，这说明你可能已经确定了一个大概念。把你的想法写在这里。
在我们班上，大概念是解决问题和合作。我们正在将这一大概念与儿童对垃圾焚化炉的兴趣结合起来。在这节课上，儿童将探究的兴趣点聚焦于垃圾夹是如何工作的，以及如何把东西夹起来。

表 7.6　垃圾焚化炉项目之探究激发方案表（探究循环 3：第 2 页）

设计激发方案：它要与师幼正在探索的问题相匹配。		
材料：根据可供性和能否激发儿童建构理论来选择材料。 • 手持式垃圾夹 • 螺丝刀	**环境布置**：设计游戏环境，使之成为"第三位教师"邀请儿童来探索。描述你将如何布置环境，以便让材料引导这个游戏。 　　在小组活动时，把材料放在厨房区的桌子上。螺丝刀将由拉弗尔女士和沙塔拉女士带来。	**问题**：提前设计一些有效的提问，以便在儿童游戏时与他们互动。 • 你觉得垃圾夹里面是什么？ • 你打算怎么把它打开来找出答案？ • 那部分跟什么连接在一起？ • 看看这根杆子，当你按下操纵杆时它是怎么动的？ • 垃圾夹是如何打开和合上的？

概述你的流程：用 1、2、3 等数字为每个步骤编号。

　　你会如何向儿童介绍你的激发方案？你会先组织一个聚焦式的核心小组讨论会，或者召开一个聚焦式的班级会议，然后邀请儿童探索某个区域的材料，鼓励他们用材料表征自己的想法，并与儿童展开对话吗？这些只是你使用的众多策略的一部分。想一想你将要做的事情，包括**你将如何记录游戏**，以便对所发生的事情进行评价，并据此制订计划。把你的步骤写下来，这样其他教师就可以合理地遵照它们开展工作。

　　激发方案：小组活动时间，告诉儿童我们将探索手持式垃圾夹，看看它们是如何像垃圾焚化炉上的抓斗那样工作的。

　　1. 预测如何打开和合上垃圾夹。（"垃圾夹是如何打开和合上的？当你按操纵杆时，会发生什么？"）

　　2. 讨论如何把垃圾夹拆开。（"你可以使用什么东西拆开垃圾夹？有哪些工具可以帮助我们？"）

　　3. 一起合作把连接垃圾夹各部件的螺丝拧开。（"你用什么方法拧开这个螺丝？你们是如何合作的？"）

　　4. 探索一下垃圾夹的内部结构。（"你看到了什么？这些不同的部件分别是什么？它们是如何连接到一起的？"）

　　5. 观察按压操纵杆时垃圾夹内部所发生的变化，以此研究垃圾夹是如何打开和合上的。（"当你按压操纵杆时，会发生什么？里面什么在动？它是如何使垃圾夹打开和合上的？"）

　　6. 将新信息与垃圾焚化炉的抓斗如何打开和合上联系起来。（"你觉得这跟垃圾焚化炉上的抓斗有何相似之处？你觉得抓斗里面的什么东西让它动起来了？"）

　　将视频、图片和逸事记录保存起来，作为儿童活动的课程档案。

将行动问题与儿童思维的证据匹配起来

将行动问题与儿童思维的证据匹配起来,也就是将你的解释(关于儿童行为之意义的理论)与观察记录联系到一起,以证明你的课程计划有据可依。接下来,我们将一起结合 COI 探究激发方案检核表中的标准来看看克里斯蒂娜和弗雷达的做法。这将有助于你学习如何根据观察记录来制订课程计划。你可以把课程计划张贴在教室里,以便儿童家长、幼儿园管理者和其他专业人士可以看到,这样他们就能理解教室里为什么会开展这样的活动,以及你引导儿童学习的意图。

(1)你是通过回顾和重构课程行动计划表中的行动问题来设计行动问题吗?"垃圾焚化炉的组成部分和工作流程是什么?"克里斯蒂娜和弗雷达从 5 个行动问题中选择了这一个进行探索。在本章所分享的三次探究循环中,她们持续关注这个问题。这个行动问题似乎最能与儿童的想法产生共鸣。

(2)你从 COI 观察记录表中发现与行动问题直接有关的证据了吗?来自 COI 观察记录表的证据表明,克里斯蒂娜和弗雷达引导儿童关注抓斗是如何工作的。她们的问题是开放式的,并得到了很多儿童的回应。这些回应反映了儿童的兴趣点和新知识:儿童注意到蒸汽从垃圾焚化炉里冒出来,垃圾焚化炉(抓斗)的构成部件有哪些,以及抓斗是如何打开、合上以把垃圾夹起来和扔掉的。

在每张 COI 探究激发方案设计表中,教师可以在儿童说的话旁边标注相关儿童的名字,以便识别并邀请这些儿童来实施探究激发方案。因为正是这些儿童的想法帮助教师制订了这个方案。

(3)*你有充分的理由说明,你将自己对行动问题的思考、推理与儿童的思维联系起来了吗?* 克里斯蒂娜和弗雷达在阐述探究循环 1 的理由时表示,她们主要的关注点是想更多地了解,儿童关于垃圾焚化炉及其工作原理已经知道些什么和想学习什么(使用 K-W-L 表,或利用"已经知道什么—想要知道什么—最终学到什么"这一方法)。你可以看到,在阐述每条理由时,克里斯蒂娜和弗雷达都设计了一条轨迹,它蕴含着师幼以多种方式合作的可能性。同时,她们介绍了用于引导儿童活动和思考的相关材料。每一次循环都以增量的方式推进探究,每一次循环都增加了一个转折点让儿童有机会讨论和表征自己对垃圾焚化炉的思考。

(4)你用大概念将本次激发方案与前后激发方案联系起来了吗?克里斯蒂娜和弗雷达把她们的目标编织到一起,利用儿童的特定兴趣和他们从以往经历中获得的经验来引导他们进行新的思考。两位教师提出的大概念代表了班级中的合作文化,而这种文化既是她们在儿童身上看到的,也是她们希望积极促成的。同时，每次探究循环都导致了下次循环的发生。因此，教师在制订本次计划的同时也在未雨绸缪后面的探究。

设计激发方案：材料、环境布置以及有效提问和指导语

这部分信息为你有效地实施计划做好了准备。在构思材料、环境、问题和指导语的过程中，你对自己所制订的计划越发了然于胸，进而能够自信地与儿童一起进入探究过程。

（1）*你所提供的材料能否让儿童进行更多的探索，从而使儿童的思维清晰可见，同时促进他们更好地理解自己的想法，获得新的视角，或了解材料的特性？* 再次强调，将所有的材料都列出来，以确保你已经充分考虑了它们将如何帮助儿童去试验和表征自己的理论。在垃圾焚化炉项目的第一次探究循环中，教师投放了两台计算机，这能够让儿童一次同时关注垃圾焚化炉的多个方面，并在整个讨论过程中进行比较和回顾。教师还把儿童说的话记录下来，这让儿童觉得自己的想法是被珍视的。在第二次探究循环中，教师在一个开放的大区域中投放了可回收垃圾和手持式垃圾夹。这些材料不仅吸引儿童了解垃圾夹的功能，还激励他们通力合作建造垃圾焚化炉的传送带。在第三次探究循环中，基于儿童对抓斗的浓厚兴趣，教师投放了手持式垃圾夹和螺丝刀，让他们可以探索垃圾夹是如何开合的。

（2）*你所设计的材料摆放方式能否邀请并指导儿童游戏，以便"儿童多做，教师少做"？* 在每次探究循环中，材料的摆放方式都在邀请儿童对材料进行特定的操作，引发儿童之间的互动，使儿童在活动中保持非常投入的状态。对材料的摆放方式进行精心设计，教师就可以尽可能地减少对儿童的干预，坐下来观察他们的活动。

在第一次探究循环中，教师甚至可以把椅子的数量写下来，让儿童清楚地知道被邀请参加探究的人数。K-W-L 表向儿童表明，记录他们的对话对教师而言很重要；同时，有助于儿童理解课程档案代表了他们原本的想法和目的。如果你选择用视频进行记录，那么稍后可以跟儿童一起观看，以激发儿童讨论他们提出的很多问题和理论。

在第二次探究循环中，教师在地板上选择了一个开放的空间供儿童探索手持式垃圾夹，作为儿童之前经历和问题的延伸。这样布置环境，很可能鼓励儿童验证自己的理论，从而更好地认识抓斗的移动方式以及它是如何工作的。教师还把

可回收材料装在篮子里,看上去既美观又有序。此外,大空间在视觉上传达了这里可供多个儿童同时进行探索的信号。另外,环境的开放性也鼓励儿童之间进行合作。

在第三次探究循环中,教师将材料(手持式垃圾夹和螺丝刀)摆放在厨房区的桌面上。这种将材料放在一定高度的做法向儿童暗示,他们可以更亲近材料,可以近距离地观察他们将要研究和拆分的材料。手持式垃圾夹和螺丝刀让儿童有机会使用真实的工具提出理论和问题。该方案中没有提到放几把椅子,所以我们可以假设桌子旁边能坐多少儿童,就让多少儿童坐。如果事实并非如此,那么教师就需要列出一些能让儿童意识到环境限制的方法,比如提供4把椅子。

(3)儿童能否读懂你的材料布置意图,从而使用材料探索行动问题?在第一次探究循环中,教师设计的第一个激发方案是核心小组讨论会。教师在计算机周围摆放了几把椅子,这样的环境布置让儿童非常清楚地知道,他们需要坐在一起观看计算机。第二个激发方案是把垃圾焚化炉画出来。但是,如果没有教师的提示,儿童可能并不清楚第二个激发方案的设计意图。因此,在制订计划时,教师的提示是需要考虑的一个重要因素。在第二次探究循环中,儿童不需要教师怎么布置环境就会参与到探索手持式垃圾夹的活动中,并使用开放性区域中的可回收垃圾自发决定制作一个垃圾焚化炉的传送带。在第三次探究循环中,教师所提供的材料是螺丝刀和手持式垃圾夹,它们将儿童的思维直接引向垃圾夹的拆分。

(4)你所设计的问题或指导语能否引导儿童探寻自己的问题和理论?克里斯蒂娜和弗雷达所设计的问题是开放式的,并且这些问题相互依存。这些问题涉及三个概念:垃圾焚化炉的组成部分;抓斗与可回收材料之间的关系;抓斗的工作原理。这些概念紧密相关,教师利用这些概念制订计划,提出问题,拓展儿童的思维。教师提出的问题可以帮助儿童思考,他们的行为与他们所得到的即时反馈之间有何关系。这些反馈可以来自对材料的操作,也可以来自与同伴的对话。教师的问题也表明,她们在有意识地按照一定的顺序引导儿童的思维。

有一点很重要,你设计这些问题不是为了在与儿童对话时去"轰炸"他们。你最终的目的是运用这些材料引发儿童之间的对话,让他们尽可能不受你的干预。而且,只在适当的时间使用这些问题,以逐步推动儿童的思维向前迈进。

在三次探究循环中,克里斯蒂娜和弗雷达所计划提出的问题如下:

第一次探究循环：

* 关于垃圾焚化炉，你知道些什么？
* 关于这个视频，你还能想起些什么？
* 垃圾焚化炉的那个部分叫什么？
* 传送带是怎么移动的？
* 灰是如何变成蒸汽的？
* 蒸汽是什么？
* 关于回收利用，你还记得什么？
* 你从这段视频中学到什么新东西了吗？
* 关于垃圾焚化炉，你还想了解什么？

第二次和第三次探究循环：

* 这些垃圾夹与垃圾焚化炉上的大抓斗有什么相似之处？
* 你觉得它是怎么打开和合上的？
* 它是怎么把东西夹起来的？
* 你把这个东西夹起来后打算放在哪里？
* 大抓斗是怎么打开和关闭的？
* 你认为垃圾夹里面有什么？

流程

接下来，让我们回顾一下表7.2、表7.4和表7.6中克里斯蒂娜和弗雷达所设计的流程。在三次探究循环中，克里斯蒂娜和弗雷达把事先设计好的问题插入流程中，为之后实施探究激发方案做好提问的准备。请翻阅她们在探究循环1或探究循环2（见第6章）所提出的诸多问题，然后再重新审视有关每次探究循环的观察记录（见第4章）。你会发现，克里斯蒂娜和弗雷达并没有使用她们事先准备好的所有问题。从观察记录看，她们很少干预儿童的活动，儿童之间进行了大量的对话。在流程部分设计这些问题，可以让教师为推进儿童的生成性探究做好心理准备。

请注意，克里斯蒂娜和弗雷达是如何深思熟虑地根据儿童学习发展的进程来制订一个流程的。她们认为，会议时间是一个引导儿童进行丰富思考和对话的微课程。你可以效仿她们，在准备流程时问以下问题：

- 如果我先就今天的课程档案组织儿童进行一次讨论，然后明天或几天之后再邀请他们用同样的材料去体验，儿童会受益吗？
- 如果先观看一段视频，是否有助于儿童在讨论之前了解新的材料或概念？

（1）**你想过如何让儿童为这次活动做好准备吗？** 在第一次探究循环中（参见表 7.2 中的流程部分），在班级会议时间，教师邀请儿童回想以前观看过的视频，在再次观看视频前问他们还记得什么，然后引导他们围绕垃圾焚化炉进行更多的讨论。克里斯蒂娜和弗雷达之所以设计这些问题，是为了引发儿童思考他们已经知道什么和他们还想知道什么，这样她们就可以把儿童的想法记录下来，用于进一步规划课程。

在第二次探究循环中（见表 7.4 中的流程部分），教师将最近令儿童很着迷的探索材料进行开放式摆放，这是在邀请他们进入该区域独立地探索。该方案允许儿童自由地进出该区域，这样教师就能注意到哪些儿童对探索手持式垃圾夹抱有浓厚的兴趣。

在第三次探究循环中（见表 7.6 中的流程部分），探究材料被布置在一张可供一个核心小组聚集的餐桌上。这使得克里斯蒂娜和弗雷达能够观察核心小组拆解垃圾夹的详细过程。

（2）**你想过如何把包括材料、问题、对话、示范、清单、图表在内的激发方案介绍给儿童吗？** 在第一次探究循环中（见表 7.2），教师在向核心小组介绍激发方案时，使用了一台带有分屏的计算机：一半屏幕用于观看视频和讨论，另一半屏幕用于记录儿童的问题和理论。

在第二次探究循环中（见表 7.4），材料是指导儿童探索手持式垃圾夹的首要事物。教师们观察儿童的游戏，在就儿童的行为进行提问之前，给他们提供了充足的探索材料的时间。克里斯蒂娜和弗雷达认为，当同伴解释和展示自己的发现时，小伙伴的支持会对儿童的经验起到指导作用。

在第三次探究循环中（见表 7.6），克里斯蒂娜和弗雷达设计了一些预测性问题，以开启拆解有趣工具（即手持式垃圾夹）的过程。教师提前准备的一些问题，既能在需要时引导儿童探究，又能让儿童最大限度地独立掌控这个过程。

（3）**你想过如何与儿童结束这一部分吗？** 在第一次探究循环中（见表 7.2），这一部分结束时，克里斯蒂娜和弗雷达邀请儿童先跟身旁的小伙伴分享自己对垃圾焚化炉的想法，然后再跟整组的儿童分享。

在第二次探究循环中（见表 7.4），这一部分结束时，教师组织儿童进行了讨论，引出儿童有关抓斗开合原理的新知识。同时，他们的对话记录也会在日后作为回顾的工具而被引用。

在第三次探究循环中（见表 7.6），结束时的讨论引出了儿童的想法，他们讨论了手持式垃圾夹与垃圾焚化炉上的抓斗有何相似之处。

（4）你描述了将如何记录儿童的游戏吗？在这三次探究循环中，教师均提到将视频、图片和逸事记录收集起来作为课程档案。她们原本也可以在第一次探究循环中注明：她们将在计算机上的 K-W-L 表中记录儿童探索的想法。此外，儿童的绘画作品、图表或其他形式的作品都可以用来记录儿童的经验。

实施探究激发方案

激发探究方案设计好了，现在，你开始摩拳擦掌准备布置环境实施这个方案了。首先，你要花点时间重新审视你的方案，确保自己对所有的细节都了如指掌，包括：熟悉材料，清楚地知道如何呈现这些材料以及准备向儿童提哪些问题，并决定运用哪类记录方式最能捕捉儿童的参与情况，如观察记录、照片、视频、儿童的手工作品等。

布置环境与促进游戏

教师应以"儿童多做，教师少做"的方式促进儿童的游戏，运用书面形式、照片或视频来记录环境利用情况和儿童的游戏参与情况。

了解材料

想一想你对方案中所提到的材料是否熟悉。如果不熟悉，不妨提前对这些材料进行试验和探索。我们建议在教职工会议上，每月至少组织一次材料探索活动，以帮助每位教师熟悉材料的特性，并思考每种材料可能支持的思维类型。

要对这些材料的复杂程度进行考量。当你探索这些材料时，头脑中会浮现出什么样的思考和问题？如果没有成人的干预，儿童会很难驾驭它们吗？这些材料能否对儿童构成挑战，促使他们解决问题、发挥创造力，拓展他们对焦点话题的思考，或者在助推他们向前迈进一小步的同时仍然能让他们独立地工作？这些材料能否长时间地吸引你的兴趣？能够吸引儿童的注意？

通过试验和探索，你能够了解这些材料会以怎样的方式引导儿童的思维。这类探索也有助于你为促进儿童与材料的互动做好更充分的准备。

布置环境，邀请儿童

正如第 6 章所述，教师要非常仔细地考虑怎样布置探究激发区的材料。同样重要的是，要确保在儿童进入教室之前这些材料已经准备就绪。这样，你就能够腾出手来观察和促进儿童的游戏。随着时间的推移和生成性探究项目的发展，探究激发区的数量也许不止一个，因此在儿童进入教室之前，你要将每一个区域的材料都布置到位。之后，你可以遵循第 2 章所阐述的方法，在一日活动开始前的非正式班级会议上，邀请儿童分享他们在教室里发现的新东西。这是一个激励儿童探索新材料的好方法，能极大地激发他们的探索欲望。

使用设计好的问题

虽然你已经事先准备了一些问题或指导语，但是你也可能没有必要使用它们或全部使用它们，因为材料和儿童之间的互动就有可能引导儿童的思维，使探究活动朝着你所规划的方向发展。不过，提前设计问题的这一过程，将有助于你在儿童游戏时随机应变地提问，虽然这些问题并不在你之前的计划之列。

参与游戏

我们在前文中已阐述过多次，制订计划的目的是"儿童多做，教师少做"。因此，在儿童游戏或探索时，你要退后一步仔细地观察，给予儿童充分的自主权，只在儿童需要时才介入支持他们。你与儿童的这一互动方式有点类似于在跟儿童进行回应式对话，由儿童掌控互动的进行。

记录实施情况

当你遵照上文提供的建议实施探究激发方案时，你会发现自己有更多的时间退到儿童身后观察和记录他们的游戏。这是生成性探究课程的一个重要特色，因为 COI 观察记录表上附有照片或视频的信息会不断积累，并成为下一个探究循环焦点内容的一部分。

实施时间的长短

有些探究激发方案是为核心小组讨论而设计的，另外一些则是为聚焦式班级会议而设计的。它们持续的时间可长可短，主要取决于儿童交流想法的需要。

激发儿童探究用的材料，可以在某个区域中保留数天。有时候，儿童可能不会马上对材料进行深度探索。他们可能首先需要更多的时间来熟悉这些材料，然后再将它们与探究项目中所涉及的概念联系起来。其他时候，儿童也许很快就能掌握材料与探究概念之间的关系。但是，不管怎样，重要的是要让你的探究材料在区域中多摆放一段时间，以便儿童知道在离开这个区域后还可以再回来。他们可能今天在这个区域中探索一段时间，明天在那个区域中探索一段时间，后天再回到这个探究焦点上来。当儿童暂时从这些材料中抽离出来后，他们的头脑中往往会浮现出与项目有关的想法。于是，这些新想法和思考会引导着儿童重新返回到探究激发区，开展进一步的探究。

此外，将探究材料在区域中多保留一段时间，也能让核心小组以外的儿童定期到该区域玩，从而为探究项目带来新的视角。同时，这样做也意味着你可以观察和收集到更多的信息，为规划下一个探究循环提供依据。

进一步反思与探究

通过 COI 探究激发方案设计表，你夯实了规划下一步生成性探究活动的方法。你可以从之前的表格中提取信息和想法，以确定"儿童知道什么""他们对什么感到好奇"，以及"什么问题和材料可以引导他们探究"。从观察到解释，再到研发行动问题和设计探究激发方案，这些不断反思的过程使你的思维不断深化，从而将儿童可能的游戏目的与你所制订的课程计划联系起来。在意识到反思性实践引导你制订了一个周全的探究激发方案后，你就能够紧紧围绕材料布置和问题设计意图来实施这个方案了。这样一来，你就可以观察儿童，享受发现的快乐，看到你预期以外的学习发生。在实施了探究激发方案后，你将要反思它的目标和学习标准是否达成以及是如何达成的。这些反思将被记录在 COI 反思性评价表中，关于这部分内容，我们将在下一章探讨。

为了更深入地思考如何设计和实施探究激发方案，不妨试试以下建议。

- 在阅读本章之前，将你手头正在使用的课程方案收集到一起，回顾并比较。
    > 你注意到了什么？
    > 你允许儿童独立探索，长时间且不受干扰地进行丰富的对话，以及自己提出问题并解决问题吗？
- 回想近一个月来你与儿童相处的经历，思考并记录你是如何作为一个主导者而不是促进者的。你可以问自己以下问题。
    > 我正在给儿童发出指令吗？如果是，每个指令的目的是什么？
    > 我得到了我所期待的特定而单向的结果吗？
    > 我是否允许儿童自主地探索材料，尽可能不通过提问或者提示来介入儿童的游戏？
    > 我仔细地考虑过什么时候进入儿童的游戏，或什么时候从游戏中退出吗？
- 回顾过去开展的某个活动，或展望即将开展的一个活动，你是否安排了充裕的时间来满足儿童进行深入探索以发现问题并寻求可能的解决方法的需求？你支持或将会支持儿童的游戏从相对简单转向更为复杂吗？
- 回顾近一周以来你是如何布置班级学习环境的。学习区中的材料明确地向儿童发出了长期参与活动的邀请吗？当儿童进入一个学习区时，他们知道自己该做什么吗？他们需要教师提供很多指导吗？

第 8 章
开展反思性评价

反思自己的经验，反思班里儿童的经验，你就有可能改进教学（Castle，2012）。COI 系统中的每一张表格都在促进教师反思。有关每张表格的思考过程，都建立在以前表格所记录的反思性思考的基础上，这就要求教师以计划者、促进者、共同学习者和学习评价者的身份再次造访自己的教育实践。在反思时，你要超越对经验的简单描述；只有当反思促使你更关注那些需要发展的领域并形成清晰的教育目标时，它才变得有意义（Edwards，Gandini，& Forman，2012；Stacey，2009，2011；Wien，2008）。

COI 反思性评价表（见附录 5）能够促使你开展更深层次的反思性实践，包括：更近距离地观察儿童是如何回应探究激发方案和同伴的，你在师幼互动过程中是如何提问和促进儿童学习的，以及你所布置的环境和材料是如何引导儿童探究的。

你的职责是推动儿童对自己正在做的事情和关注的事物进行各种思考，帮助他们就游戏主题建构自己的理论。在实施生成性探究课程计划时，你要密切地关注那些能反映儿童思维过程的线索。每个儿童看世界的角度都不同。作为一名实施生成性探究课程的教师，你尤其需要留意每个儿童是如何看待事物、人和经历的，并记住他们是怎样理解和解释周围的世界的。在 COI 反思性评价表的前两部分，你需要回顾之前所做的观察记录以及所收集的照片和视频，并思考儿童的反应说明他们正在想什么和学什么。在 COI 反思性评价表的第三部分，你将从两种不同的视角（你的视角和儿童的视角）去思考某一具体的探究活动的成功或失败之处。

促进儿童的游戏，就是在游戏过程中赋予儿童更多的自主权，这在一开始是很困难的。你要退到儿童的身后去观察他们，不要过早地介入或直接告诉儿童该做什么。对你而言，这是一件很有挑战性的事情。不过，你要认识到，促进儿童的思维意味着什么；你也要知道，只要儿童能够自主地探索，你就应该放手让他们尽情地游戏。在不断反思的过程中，你会对自己促进儿童游戏的技能有更多的了解。

在实施生成性探究课程时，随着经验的逐渐丰富，你将了解如何创设环境以邀请儿童参与所规划的游戏，同时又能引导儿童发现一些新想法以拓展和深化他们的探究。回顾一下本书第3章所分享的蓝草音乐探究项目，着重想一想教师所搭建的舞台是如何邀请儿童进行表演的，以及为回应儿童的探究兴趣而创设的音乐创作区是如何激励儿童创作音乐的。借助 COI 反思性评价表，你将能够评价学习环境是如何影响儿童的思维和探索的。你将思考教室里的特定区域、有意投放的材料及其摆放方式是怎样引导儿童的经历的。

此外，COI 反思性评价表还要求你评价课程计划实施后的结果：哪些早期学习标准已经达成？COI 系统的一个重要特征，就是教师在观察了课程计划的实施情况后评价其是否达成了标准，这与许多早期教育中围绕特定的标准来规划课程的模式不同。围绕标准来规划课程可能会导致一些短期的活动或者孤立的活动产生，从而限制了儿童将他们在不同的学习活动中所形成的理论联系起来的可能性（Fuchs & Deno，1991）。

了解 COI 反思性评价表

COI 反思性评价表可用于对学习区的环境布置和探究激发方案的实施情况进行回溯，让你从儿童的反应、教师的支持策略及学习成果几个方面考虑：哪些方面进展得顺利？哪些方面出乎你的意料？哪些方面进展得不顺利？如何促进探究活动的进一步开展？你也可以运用本表检查，在探索过程中儿童达成了哪些学习标准。在经历了长期的生成性探究课程后，儿童所达成的学习标准数量很有可能远超你的预期。

围绕儿童的思维和概念发展来规划生成性探究课程，你也就是在满足儿童的兴趣和能力发展需求。在这样的课程中，学习是具有挑战性的，但也是可以完成的。它将吸引儿童更长时间地投入学习中，同时你每日所设计的活动也会在儿童的头脑中自然地联系起来。之后，你就可以利用有关学习标准的专业知识对所发生的学习进行反思。你可以把学习标准当作检核表，让那些已经达成的标准看得见，同时把没有达成的标准记下来。有了这些信息，你就能紧紧追随儿童的思维和行为目的，将尚未达成的标准巧妙地纳入持续进行的探究框架之中。

标识性信息

在 COI 反思性评价表上，你需要记录的标识性信息包括：作为活动焦点的大概念或探究线索；反思者的名字；参与探索的儿童的名字；探索活动发生的时间和所在教室区域。

儿童的反应

你有证据证明儿童很投入吗？思考儿童的活动经历，描述一下他们的目标以及他们为实现目标而采取的策略。当时班级的社会氛围如何？

如果你认为儿童全身心投入活动中了，那么你就要提供证据来支持这一主张。比如，相比"儿童探索了黏土"这种笼统的描述，你可以提供更为具体明确的证据，如"在建设性游戏时间，儿童尝试用手、拳头、肘部和手指等多种方法操作黏土"。

社会氛围是指儿童融入他人环境的方式。这就需要你评论儿童是选择独自工作还是与同伴一起工作，以及这些选择对儿童活动的影响。例如，儿童可能会与同伴合作，一起推动探究进程向前发展。如果儿童之间缺乏合作，那么你可能就要思考当前的环境和材料对儿童的互动产生了什么影响，以及如何调整才能支持他们未来的合作。了解独自工作和小组工作的利弊，有助于你为支持个人或小组探究做好准备。

学习

你有证据证明儿童在学习吗？你可以从观察记录中引用证据来明确地指出，你认为儿童从课程中学到了什么。当然，这既需要一些经验，也需要你付出努力。注意，陈述探索活动中发生了什么与陈述观察到了什么样的学习是两回事。你要能够回答以下问题："儿童学到了什么？你怎么知道他们学到了？"你可以采用这样的句式做出回答，比如"当他们说_____时，我们知道他们_____"或者"儿童的（行为/话语）向我们表明，他们正在_____"。这里有一个来自托班的例子：

教室里有一个盖着黑布的纸箱，儿童打开手电筒照纸箱的里面和外面。当他们拿着手电筒进出纸箱并说"很暗""很黑"时，我们知道他们意识到了纸箱内外都是黑的。当儿童搜寻教室里的黑暗角落并用手电筒照亮时，我们知道他们认识到手电筒能使黑暗的空间变亮。他们所表现出来的喜悦，与他们用手电筒照亮纸箱内部时如出一辙。我们还注意到，当他们在房间里较亮的区域打开或关闭手电筒时，他们的脸上露出困惑的表情。这表明他们正在试验动作带来的结果，同时他们可能对光投射到本来就亮的区域时所产生的效果存有疑问。

本次活动符合你的意图吗

对你来说，活动是什么样子的？请你详细地描述出来，并想一想这一活动与你在探究激发方案中所列出的理由是否匹配。回想一下在你所促成的探究活动中，儿童的意图是什么。在这部分，我们将陈述他们的意图如何与你的设计意图相匹配。

在上文"探索纸箱与手电筒"的案例中，让教师感到满意的是，儿童不仅探索了黑暗的纸箱，还出乎意料地将对手电筒的探索延伸到教室里其他较暗的区域。最初，儿童只是注意到了教室里的光和影，教师所提供的纸箱这个刺激物则让儿童有机会用新材料对相关概念进行探索。

关于促进儿童的游戏，你学到了什么

思考材料及其布置方式、师幼之间的互动、引导性提问或指导语对儿童的影响。请把这些干预手段对儿童的活动所产生的影响写下来。这些干预手段是促进、支持、拓展儿童的思维，还是扼制他们的思维？你是否发现根本不需要运用语言对儿童进行干预，因为你注意到在你所创设的激发性环境中，儿童正独立地探索自己感兴趣的事情？

你可能会发现，就像其他教师那样，随着时间的推移，你学会了退后一步，为儿童提供更多的自由去探索材料和主导他们自己的游戏。当儿童拥有充足的时间且不受干扰地探索时，他们就会以一种意想不到但又深思熟虑的方式投入活动中。如果教师一味地主导儿童的活动，反而会使活动进行得不顺利。教师过多的干预会让儿童感到厌烦，而不是吸引他们去参与活动，有时甚至会导致他们离开

当下活动的区域,选择去别的地方玩。

在"探索纸箱与手电筒"的案例中,教师们表示,当儿童离开纸箱拿着手电筒在教室里到处照时,他们担心儿童会对纸箱失去兴趣。然而,教师们很快意识到,儿童对纸箱仍然很感兴趣,因为儿童在探索了教室里的光亮和黑暗区域后又不断地返回到纸箱那里,对将手电筒照在不同地方所产生的效果进行比较。在这个活动中,教师几乎不需要介入其中与儿童互动。教师只需近距离地观察和记录就好。其实,教师的观察和记录行为就是在支持儿童的探究,让儿童知道,教师对他们所做的事情很感兴趣。除此以外,教师还用语言描述了儿童的行为,比如,"我看到你在用手电筒照那个有点暗的架子,那里就变亮堂了"(Curtis,2017)。这一做法似乎很有用,因为当儿童用手电筒进行探索的时候,他们开始使用"明亮""黑暗""更暗""非常暗"和"非常亮"这样的字眼。

下一步做什么

你将如何在当前的基础上继续促进儿童的学习呢?为鼓励不同的学习者参与到探究中,你会怎样提供差异化的支持呢?当你思考如何基于刚刚实施的课程计划中的大概念进一步促进儿童的学习时,不妨把你的想法记录在 COI 反思性评价表中的"下一步做什么"那一栏。

在与儿童一起成功开展了活动后,教师们往往会感到神清气爽、活力满满,她们的脑海中会涌现出很多延伸探究活动的灵感。表格中的这一栏恰恰给你提供了一个完美的场所,让你把这些最初的想法记录下来。稍后,当你回顾观察记录以更深入地解释这一活动时,你可以将这些想法纳入其中,一起用于规划下一步课程。

除了记录如何促进儿童的下一步学习外,你还要记录自己应如何进一步增强促进儿童游戏的能力与方法。比如,评价你参与儿童游戏或进行有效提问的能力,同时把如何利用材料帮助儿童以新的方式构建概念写下来。或者,纸箱与手电筒探索活动结束之后,教师们在反思时认为,他们可以在某个时候引入彩色灯泡的手电筒,或在纸箱的窗户上贴上一层玻璃纸,为儿童的光线投射和影子形成活动增加一个新的探索维度。这些教师将下一步探究活动内容与"探索光影关系"这个大概念联系起来。

标准检核表

这一探究活动达成了哪些课程标准呢？务必浏览你所在机构需要遵从的所有课程标准和州立早期学习标准，并利用它们来审视本次的探究活动。教师们不断地反馈道，在一个生成性探究活动中，儿童可以达成多个学科领域的多个标准。在 COI 反思性评价表的这一部分，你要将儿童身上展现出来的所有标准都列出来。这样一来，你就可以明确地知道你还没有达成哪些标准，从而想方设法将其纳入儿童下一阶段的探究中。

通过列出每条标准及其相关证据，你可以很轻松地对生成性探究项目中的儿童个体进行评价。在反思光与影探究项目时，教师引用了《美国田纳西州儿童早期学习发展标准》（Tennessee Early Learning Development Standards），他们罗列了儿童达成的多条准备并提供了相关证据。我们从中选取了以下三条：

* 学习品质之参与和互动（AL.37-48.3）：展现出将以前的知识与新知识联系起来的意识。
  » 科里、卡伊和埃米莉拿着手电筒从黑暗的纸箱里跑出来，将手电筒照到墙上，照到不同学习区的玩具上，照向窗户外面，然后又返回来照纸箱里面。他们将手电筒照在纸箱外面所产生的效果与照纸箱里面所获得的体验联系起来。
* 学习方法之灵活性和创造性（AL.37-48.5）：为获取信息或澄清问题而不断地提问。
  » 科里、卡伊和埃米莉使用手电筒做实验。他们的行为表明，他们正在通过行动来询问"光与不同的环境之间有何关系"。
* 数学、测量和数据（MA.37-48.5）：在主动探索物理环境的过程中，意识到自己的身体和个人空间。
  » 科里、卡伊和埃米莉具有个人空间意识，因为他们很轻松地从一个活动区换到另一个活动区，从纸箱里出来又回去，径直将手电筒照在教室里的某一物体表面和窗户外面。

课程档案

你为本次探究活动所做的课程档案有效吗？还有哪些方法更有助于你进行

档案记录？把你的想法写下来。必要时，制订一个计划来提高自己的档案记录技能。在 COI 反思性评价表的这一部分，你要反思儿童档案记录的成功之处，或需要改进的地方。

正如我们将在第 9 章中所深入探讨的那样，档案记录是一个复杂的过程。教师需要收集观察记录、儿童的手工作品（比如绘画作品，或建构作品、雕塑作品的照片）、儿童之间的对话、视频、有关活动过程的照片，以及其他能够证明儿童学习的证据。教师们经常会感叹道，他们真希望当初没有让儿童把那张绘画作品带回家，因为那张绘画作品呈现了儿童对项目活动的丰富思考！他们也经常感叹，他们真希望自己当时做好了更充分的准备，从而捕捉儿童学习的瞬间。仔细掂量一下，什么时候用照片来记录儿童探索材料的过程是有价值的？给儿童在探索活动中创作的绘画作品拍摄一张清晰的照片，这也很有必要，一来可以防止绘画作品丢失或被毁坏，二来可以防止儿童在之后的活动中继续在这幅作品上进行创作而改变了作品的原貌。此外，最好运用可视化的方式将儿童的每一个探究阶段都记录下来，这将有助于你跟儿童讨论他们在每个阶段的想法。这一记录方式适用于任何正在持续进行的探究项目，因为儿童的想法也许每天或每隔几分钟就会发生改变。

你还需要考虑记录儿童对话的最佳时机，以及是否需要使用图表进行记录，以便儿童也可以看到。想一想，在呈现你为儿童所规划的探究过程时，视频或照片是不是最适宜的方式。

这些都是你在探究项目结束时需要反思的问题。对档案记录的成功之处和需要改进的地方进行反思，有助于你为下一次探究活动选择适宜的记录方法和进行成功的档案记录。

使用 COI 反思性评价表：从垃圾焚化炉项目中获得学习

本节，我们将分享克里斯蒂娜和弗雷达针对第三次探究循环而填写的 COI 反思性评价表（见表 8.1 和表 8.2），从而帮助你学习如何使用本表。之后，我们运用 COI 反思性评价检核表（见附录 5），审视两位教师是否成功地对探究循环 3 进行了反思性评价。

表 8.1 垃圾焚化炉项目之反思性评价表（探究循环 3：第 1 页）

重温本次活动并从学习经验的角度进行评估

生成性课程为儿童提供了学习经验，让他们有机会发展自己的能力、理论以及对知识、环境和技能的掌控感。

反思本次活动并评价其对儿童和教师的价值。

区域：大地毯区

参与者：本次活动是开放的，儿童根据自己的兴趣自行选择是否加入。

日期和时间：2 月 3 日下午探究活动时间

儿童的反应：你有证据证明儿童很投入吗？思考儿童的活动经历，描述一下他们的目标以及他们为实现目标而采取的策略。儿童之间有合作吗？他们体验到协作了吗？

小组活动时间，我向儿童介绍了手持式垃圾夹，并指出在下午的探究活动中他们可以探索它们。儿童似乎非常渴望参加这个活动，因为我听到儿童纷纷说："我想做那个！""它们看起来很酷！""能让我先用吗？"首先，我选了 4 个儿童参加这个探索活动。然后，我给他们计时，并要求他们到了时间就要把垃圾夹交给另一个同伴。我观察了儿童如何探索垃圾夹，注意到他们是如何聚精会神地探索垃圾夹的操纵杆，以及如何习惯于用垃圾夹捡起可回收材料的。儿童还将垃圾夹与有关垃圾焚化炉的视频联系起来。比如，缪斯说："我在处理垃圾的视频里看过这个东西。"有些儿童还对垃圾夹进行了仔细观察，他们的行为说明他们正全身心地投入活动中且非常兴奋。比如，J.D. 指着垃圾夹的最下面部分说："这是垃圾夹的嘴巴。"儿童将需要焚烧的垃圾堆在一起，这一行为表明，他们也将活动与视频建立了联系。总的来说，整个活动的气氛平静祥和，儿童专注于研究垃圾夹及其工作原理。

学习：你有证据证明儿童在学习吗？

活动过程中，我问儿童垃圾夹是怎样工作的，哈桑说："当你按下去时，它会打开又关闭。"马修说："推这里，它就合上了。"当我进一步追问操纵杆是如何让垃圾夹合上时，马修回答说："这个金属的东西，它穿过它，然后，它就合上了。"儿童的回答告诉我，他们正在理解因果关系，而这正是本次活动的主要目标之一。儿童也能将垃圾夹与视频中的大抓斗联系起来。比如，当我问他们小垃圾夹和大抓斗有何相似之处时，缪斯说："它们都能抓东西。"雷纳托说："它看起来更大更好，它能抓更多的东西，这些只是假装的抓斗。"法特梅回答说："这些垃圾夹很小，你可以夹紧它们。"儿童的这些回答告诉我，他们将垃圾夹与垃圾焚化炉的视频联系起来。当詹姆斯夹起回收材料时，他说："把它们送到烤炉里。"这句话表明，他也在与视频建立联系，因为他很可能正在谈论垃圾焚烧所在的燃烧室。缪斯正在探索垃圾夹，当问他垃圾夹如何工作时，他回答说："你只要把它往后拉就行了。它控制着它，这样你就可以把东西抓起来了。"缪斯使用不同的词汇描述这个过程，表明他正在通过亲身探索来学习。总的来说，我认为儿童已经达成了这个活动的既定目标，并且在活动中学到很多。

本次活动符合你的意图吗？从儿童之间的互动、儿童的发展及教师等方面考量。

在本次活动开始前，我希望儿童使用垃圾夹进行探索，并在指定区域建造一只微型垃圾焚化炉。儿童也的确如我所盼，他们制造了一堆垃圾、一个进料斗，还假装把一堆垃圾烧成灰烬。比如，J.D. 指着一堆可回收材料说："这是垃圾。"当儿童把材料放到进料斗里时，我无意中听到雷纳托对其他儿童说："离这里远点。这是进料斗，它很危险，底部有火。"这句话告诉我，他正在与以前的经验建立联系，并且已经了解垃圾焚化炉每个部分的工作过程。我还希望儿童使用垃圾夹将尽可能多的材料夹起来，他们做到了。不仅如此，他们还关注当推动操纵杆时，垃圾夹是如何动的。

表 8.2　垃圾焚化炉项目之反思性评价表（探究循环 3：第 2 页）

关于促进儿童的游戏，你学到了什么？ 思考材料、环境布置方式，以及你的问题或指导语对儿童的影响。

我所投放的垃圾夹和垃圾材料，成功地吸引了儿童。儿童在探索这些材料时，不只是移动垃圾夹将材料从地上夹起来。我注意到哈桑和缪斯互相传递材料，将材料从一个垃圾夹传递到另一个垃圾夹上，不让它碰到地面。这完全出乎我的意料。我所提出的问题——"垃圾夹是如何工作的"，引发了儿童的深入探索，并促使他们搭建了一个他们概念中的传送带。

儿童的这一行为也表明，他们能够将合作融入活动，这正是我们在阐述"大概念"时提出的一个总体目标。

下一步做什么？ 你将如何在当前的基础上继续促进儿童的学习？你将如何为不同的学习者提供差异化的支持？

既然儿童对垃圾夹的工作原理及其中的因果关系如此感兴趣，于是我们打算下周探索垃圾夹的内部。这涉及用工具把垃圾夹拆开，但我们不会马上把工具展示给儿童。我们会问他们，怎样才可以把垃圾夹拆开去看看里面有什么。我们希望他们能够独立地探索垃圾夹是如何工作的。这样一来，儿童就能更好地理解其中所蕴含的因果关系。

标准检核表：本次活动达成了哪些课程标准？

早期学习期望（ELE）：学习品质

早期学习期望：创造力—想象力—可视化。在学习过程中，儿童展现出越来越强的独创性；运用想象力；展现出将解决方案或新概念可视化的能力。

相关指标：
- 把情景、事件、人物或故事联系起来。
- 创造新的形象或表达想法。
    > （上拉再下推操纵杆）它能让垃圾夹打开和关闭。（指着垃圾夹）这是垃圾夹的嘴巴，它什么都吃。
- 将现有的知识扩展至新的解决方案、新思维或新概念上。
- 渴望了解和讨论更大范围的话题、想法和任务。
    > 这个太胖了！（把管子夹起来）
    > 当你按下去时，它会打开又关闭。
    > 小一点的夹子更容易打开。

早期学习期望：主动—投入—坚持—专注。儿童表现出对学习的浓厚兴趣；追求独立学习。

相关指标：
- 主动与同伴或成人进行"共享式思维"。
- 在受到外界干扰的情况下，仍然能够专心致志、心无旁骛。
- 自由地探索、实验和提问。
    > 整个对话过程中，你可以看到儿童主动提问，也会回应教师的提示。同时，他们的对话引发了教师的思考和提问，比如，教师问道："但是距离这么远，它怎么能把它合上呢？"

我们还注意到了许多其他指标，由于篇幅所限，我们没有在这里一一列出。

课程档案：你为本次活动所选择的档案记录形式是否有效？还有哪些方法有助于你更好地进行记录？把它们写下来。必要时，制订一份计划以提高自己的档案记录技能。

本次活动是通过照片和书面逸事进行记录的。这些照片帮助我们回忆起了许多细节，同时有助于补充说明书面记录中的内容。

评价学习

在上述表格中，教师将儿童的评论记录下来，同时指出这些评论如何表明儿童从本次经历中学到了什么。

（1）你在描述儿童的反应时是否提供了足够的细节，以便读者能够看到儿童在特定的学习情境中所使用的策略与思维？教师反思了儿童在探索过程中的反应，并对表格中出现的相关问题进行了思考。

克里斯蒂娜和弗雷达注意到，儿童的目标和策略聚焦于手持式垃圾夹的操纵杆和它的工作原理。她们还注意到，儿童将当前的活动与他们早些时候观看过的垃圾焚化炉视频联系了起来。表格中，教师描述了儿童对视频内容所做的评论，以此为例证明儿童参与到活动中并将当前的活动与以前的经验建立了联系。教师对活动和案例的详细描述，清晰地把儿童的目标与想法描绘出来。她们将儿童在游戏时的高度专注和平静举止表述为"积极情绪的表现"。

（2）你对儿童的活动经历描述得是否足够详细，以便读者能够从你的角度清楚地看到并理解这些事件？克里斯蒂娜和弗雷达描述了儿童如何安排自己的游戏议程，包括用两个手持式垃圾夹来传递材料而不让它碰到地面。受此启发，许多儿童都开始追随这个游戏目标，并萌生了一个新的游戏目标——将这些材料传递到一个假想的垃圾焚化炉里。一个儿童用垃圾夹夹起垃圾，然后传递给另一个儿童，后者则把垃圾放到进料斗里。克里斯蒂娜和弗雷达指出，儿童会分享和倾听他人的想法，鼓励他人加入游戏，并对其他儿童的想法进行评论，从而营造出一种合作的氛围。他们制订的计划使儿童能够一起创造性地工作。

（3）当你宣称学习已经发生时，你是否从所观察到的、能够促使儿童进行知识建构的活动中挑选一些案例予以佐证？克里斯蒂娜和弗雷达将自己对于儿童学习的思考与相关案例紧密地联系在一起。她们在陈述了儿童探索垃圾夹的工作原理并理解其中所涉及的因果关系后，引用儿童的一些话来强调儿童的认识加深了。她们还指出，儿童是如何将垃圾夹的工作原理与视频中观察到的抓斗的工作原理联系起来的。他们将儿童的认识与其语言表述联系起来。

（4）你所记录的学习与COI探究激发方案中的行动问题是否有关？在探究激发方案中，克里斯蒂娜和弗雷达所提出的行动问题是"垃圾焚化炉的组成部分和工作流程是什么"。这个问题既包括整个垃圾焚化炉的工作流程，也包括它的组成部分——抓斗是如何工作的。两位教师发现，儿童之间针对垃圾夹的工作原理进行了大量对话，他们将这些垃圾夹与视频中观察到的抓斗联系起来思考它们的功能。这一证据证明，儿童将当前的活动和工具的功能与过去的情境关联起来，表明儿童的思维得到了发展。

（5）你是否将与本次活动有关的所有学习标准都列了出来？克里斯蒂娜和弗雷达从《美国田纳西州儿童早期学习发展标准》中引用了4个学习期望及相关指标，作为她们评价儿童学习的参照。这4个学习期望聚焦于创造力（想象力、可视化）、主动性（投入、坚持、专注）、好奇心（探究、提问）和推理（解决问题）。这些标准与游戏过程中发生的学习相匹配；两位教师在罗列这些标准的同时，从游戏中筛选出相关证据。

（6）你所陈述的每条学习标准是否表明，它是如何与本次游戏活动带来的学习结果联系起来的？通常，我们会利用数字将幼儿园需要遵循的州立早期学习标准逐条罗列出来，这样每条标准都可以作为一个易于观察的指标。对教师而言，他们不仅要非常熟悉这些标准，而且要能够用一句话来完整地表述每条标准，这样其他人就能清楚地看到每条标准与记录在探究循环COI表中的经验之间有何关系。在有关垃圾焚化项目的COI反思性评价表上，两位教师一一陈述了这些标准。

评价计划实施情况和档案记录情况

作为一名反思型教师，你需要回顾你的课程档案，评估它是否有效地支持你理解儿童并制订课程计划。COI反思性评价表的这一部分，要求你对档案记录的质量和技巧进行批判性思考。

（1）你是否详细地描述了本次活动是否如你所期待的那样开展，以便读者能够从你的角度清晰地看到并理解这些事件？克里斯蒂娜和弗雷达解释了儿童所获得的积极学习成果，既有两位教师所期待的，也有她们意想不到的，比如同伴合作。最初，两位教师期待儿童用垃圾夹进行探索，并建造一个迷你的垃圾焚化炉。结果，儿童不仅如教师所期待的那样进行了探索，还萌生了几个新的想法，比如将垃圾回收的过程表演出来、建造了一个垃圾堆和进料斗以及假装把一堆垃圾变成灰烬等。

两位教师还解释了儿童如何创造性地将同伴纳入自己的游戏——"我们必须把它放到进料斗里"。这里的"我们"一词，表明儿童把自己视为学习共同体的一分子。

（2）你是否描述了这些材料和环境如何影响儿童的思维与学习？克里斯蒂娜

和弗雷达对材料进行了详细的反思。她们表示自己从儿童身上学到了很多东西，同时她们对儿童以意想不到的方式使用这些材料持开放的态度，比如，当儿童设计了一个用垃圾夹传递材料的合作游戏时。两位教师也记录了垃圾焚化炉视频对儿童模仿抓斗的动作所产生的显著影响。选择材料来引导儿童的思维，并允许儿童以开放的方式探索它们，两位教师的做法促使儿童萌生新的方法，超越了教师的预期。

（3）*你是否描述了你所采取的促进策略取得了成功还是尚需改进？* 在 COI 反思性评价表的几个部分，克里斯蒂娜和弗雷达均提到了她们所采取的促进策略。例如，在学习部分，她们指出，她们特意选择了 4 个儿童先探索材料，并让每个儿童专注于自己的目标和策略，以理解教师设计的激发方案。这里，两位教师主要关注在游戏过程中，这些有意投放的材料是如何引导儿童的思维的。

虽然教师也可以在 COI 反思性评价表的其他部分反思自己的提问和互动，但是在这一部分记录却是做出必要改进的第一步。

计划下一步课程

COI 系统会促使你进入一种"通过持续地反思活动，引导儿童的学习向前发展"的思维状态，这也是本节将要讨论的重点。

你是否对儿童当前的目标和想法进行了反思，并详细地描述了儿童下一步最可行的学习活动？ 克里斯蒂娜和弗雷达在分析了儿童对垃圾夹工作原理的好奇后，计划让儿童研究抓斗的内部结构。她们运用发展的角度思考儿童是如何学习的，计划在提供工具让儿童把垃圾夹打开以观看其内部结构之前，让他们建立关于垃圾夹工作机制的理论和学习目标。教师们没有把重点放在死记硬背的技能上，比如识别垃圾夹的名称和某个部件，而是把重点放在高阶思维能力上，并将学习与大概念联系起来。

进一步反思与探究

COI 反思性评价表将引导你通过结构化反思进行元反思，帮助你成为一名更称职的教师。结构化反思的目标是反思：学习意味着什么？以学习为基础的教学意味着什么？（Brooks，2011）

实施生成性课程具有一定的风险。你所设计的激发方案有可能非常有效，也有可能将儿童引向你意想不到的方向。COI反思性评价表是一个有用的工具，可以帮助你理解为什么游戏朝着某种意想不到的路径前进，发生于其中的学习是什么，这些活动是否与你的探究激发方案匹配，你的促进策略和档案记录是否有效，等等。随着对探究激发方案的重新审视和回顾，你将信心十足地规划和实施探究循环，将其拓展成长期的项目。下一章将向你介绍档案展板，这是一个将长期探究过程中所发生的学习综合起来，以便与家长、儿童和社区居民分享的过程。

为了进一步思考和实施反思性评价过程，不妨尝试以下建议。

- 选择COI反思性评价表的某一部分，并回顾最近几天班级中的活动。例如，思考班级某一学习区的材料是如何引导儿童思考的。
    - 关于材料、学习以及材料与学习之间的关系，你注意到了哪些重要的细节？
    - 你觉得准确地进行反思有难度吗？改进档案记录方法，对你的反思会有帮助吗？
    - 想一想，下次儿童在教室里游戏时，你会如何记录材料对游戏的影响？把它写下来。
    - 之后，请你回顾一下，你的课程档案是如何展现这些材料对游戏的影响的，并将本次反思与你的第一次反思进行比较。
    - 与搭班教师或园长进行分享和讨论。
- 运用COI反思性评价表的每一部分来重复上述过程。

第 9 章
制作档案展板

　　档案，是指在生成性探究过程中用于记录学习活动的多种形式。你会收集大量的观察记录、COI 课程计划表、儿童的作品（如绘画作品或手工作品的照片）、儿童之间的对话以及体现探究活动过程的视频或照片等，并将它们张贴在教室里的激发区，以反映当前班级里正在发生的学习，并激发儿童回顾自己过往的经历，从而触发他们的大脑回想起相关的思考和学习。本章，我们将讨论如何利用档案展板（见图 9.1）讲述一段时间内儿童的学习进程，从而让儿童的思维和学习变得可见。

　　为了制作一块档案展板，你需要将你在生成性探究过程中收集到的各种形式的档案综合起来，用于跟读者交流发生于其中的学习。儿童可以从档案展板中看见自己的身影，并对自己做过的事情和学过的内容进行回顾。档案展板以有意义的方式清楚地讲述了儿童的学习，通过邀请教师、家长、学校及社区居民一起解释学习和设计延伸课程，档案展板可以帮助他们更好地理解儿童是如何学习的。为了有效地讲述学习故事，展板中所呈现的信息不仅应该包括儿童学了什么，还要能让你的教学方法和实践可见；要让读者知道，在生成性探究过程中，自始至终都是由问题和解释引导着你的规划与游戏促进策略的（Hong，1998；Wien，2008；Wien，Guyevskey，& Berdoussis，2011）。

　　一个好的档案展板能够带领读者一步步地了解整个项目活动，从而理解儿童和教师的思维过程。它传达了"儿童正在想什么""教师为什么和如何激发儿童进行更深层次的理解"，以及"最终大家都学到了什么"等信息。它就像一个好故事，有开头，有中间，有结尾。

　　档案展板是资料的汇集，它可能包括：

- 照片；
- 视频；
- 书面观察记录；

- 教师对儿童的学习和思维所做的文本分析与阐述；
- 儿童的作品；
- 有关探究激发方案的表征。

在制作档案展板时，你也在认真地反思学习的诸多元素，以洞悉探究线索与大概念，并获得灵感来设计新的探究激发方案，从而拓展儿童的探究（Hong & Forman，2000）。

当你带着教学档案（pedagogical documentation）开启档案展板的制作旅程时，你需要坦然、自在地将你对活动的叙述公之于众。首先，与一位同事分享你的档案展板，并从他那里获得反馈。随着档案展板的不断制作，你也将会越来越有信心这样做。其次，你要努力地培养自己在采用图片或数字方式组织信息时所需要的技术及视觉素养（visual literacy）。视觉素养是指一种组织页面信息的能力，旨在引导读者按照作者预设的方式追随故事的脉络和发展。在档案展板中，你可以用图片和文字一起描述事件，并呈现儿童之间以及儿童与教师之间的对话。将儿童的语言和表征纳入档案展板至关重要，因为读者可以透过这些信息洞察儿童的思维过程。此外，将教师的评论以文字的形式呈现，它们向读者分享了教师对儿童的行为和语言背后思维的推理。

制作档案展板所需要的核心信息，都蕴含在你之前所填写的COI系统的各种表格中。

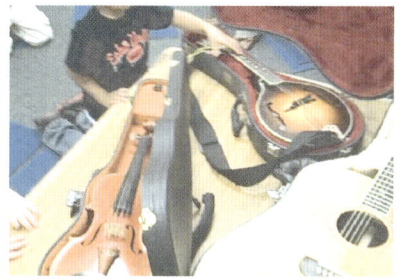

一次专业的表演

劳拉·贝丝·波蒂特和大卫·里奇是美国东田纳西州立大学蓝草音乐、怀旧音乐和乡村音乐专业的学生,他们通过一场表演把蓝草音乐和怀旧音乐介绍给儿童。

两位音乐家演奏了该流派三个时代的歌曲,这些歌曲反映了该地区的风土人情。

- 《田纳西州华尔兹》——在教师的邀请和鼓励下,儿童开始学习华尔兹。
- 《走了,走了》——儿童说,劳拉·贝丝·波蒂特演奏的歌曲是爵士,它在音色和风格上有别于其他时代的歌曲。他们还说,歌词"走了,走了,像一辆货运列车一样"描绘了一辆火车,就像每天从他们学校旁边驶过的那辆火车。
- 《洛基山之巅》——儿童在这首歌里听出了"田纳西州"一词,知道"田纳西州"就是他们生活的地方,是他们的家乡。他们也提到了"沃尔斯"。

他们请求音乐家们演奏《这是你的土地》,发现这两首歌都表现了"家乡"的主题,还意识到洛基山是一座山,就像他们所在地区的大山一样。

儿童认识到蓝草乐器"fiddle"[1]就是小提琴。他们的实习老师丽贝卡多次在班上演奏过这种乐器。他们现在正学着把小提琴叫作"fiddle"。

凯蒂:它是蓝草乐器里的 fiddle(在第四周回顾乐器的声音与图片时指出)

介绍蓝草音乐和怀旧音乐中的乐器

儿童亲自听、看和演奏蓝草音乐和怀旧音乐中的各种乐器。

起初,他们把很多乐器都叫作吉他,可能是因为这些乐器都有弦。

杰里米和凯蒂向我们展示,他们知道拨动琴弦就会发出声音。

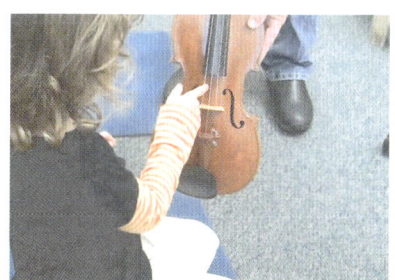
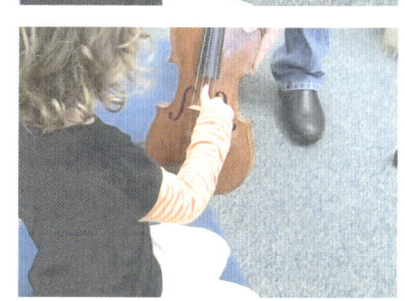

辨别高音和低音

儿童最初认为,发出低音的琴弦应该在乐器的底端(物理空间意义上的低),而发出高音的琴弦应该在乐器的顶端(物理空间意义上的高)。

当他们拨动乐器上的琴弦时发现,发出高音的琴弦位于乐器的底部,发出低音的琴弦则在顶部。

上图中,德弗林在拨吉他上发出最高音的弦;克洛艾在拉小提琴上发最低音的弦;克洛艾在拉小提琴上发出最高音的弦。

儿童的绘画作品:吉他的高音弦和低音弦

克洛艾画了吉他的琴弦。她知道能发出最高音的琴弦位于吉他的底部,是细的;能发出最低音的琴弦位于吉他的顶部,是粗的。

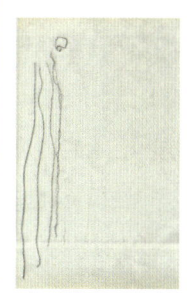

克洛艾(左图)认识到,高音是由乐器底部的细琴弦发出来的。卡特·G.(中图)和凯蒂(右图)用线条来表征吉他的琴弦。他们已对吉他进行了仔细的观察。

图 9.1 有关蓝草音乐探究项目开始部分的档案展板

---

[1] fiddle 属于民间乐器,原来主要流行于爱尔兰、苏格兰、英格兰等地的民间音乐中,后随着英国开垦者来到美洲新大陆,进入了美国的民间音乐中。在乐器的制作、材料和形状上,小提琴和 fiddle 几乎没有差别,但两者在音乐内容、音乐风格和演奏方法等方面完全不同。fiddle 主要用于舞蹈伴奏和节庆活动,内容相对来说要简单得多,音乐都是快速音型的,带有强烈的符点、切分和装饰音风格,而且弓法多变复杂。——译者注

制作档案展板，促进教师专业的持续发展

大量的研究证实，课程档案是促进教师专业持续发展的重要方面（Edwards，Gandini，& Forman，2012；Giudici，Rinaldi，& Krechevsky，2001；Hong，1998）。在运用COI系统指导自己对儿童的观察、解释和课程规划后，教师可以对自己的教学方法进行反思，发现自身的优缺点，并围绕课程规划和促进儿童的学习不断改进自己的教学实践。许多教师在刚开始使用COI系统时，对儿童所持的理论知之甚少，对该提供什么来支持儿童的持续探究也摸不着头脑。伴随着使用COI系统对儿童进行记录，他们在这两方面的能力也得到了发展。当你积累了一些探究循环的资料时，你就可以准备制作档案展板了，因为你已经拥有足够的信息与读者交流你有关儿童的思维和学习的想法。

档案展板上的内容元素

为了让儿童和教师的思维看得见，一份档案展板应该包括哪些内容呢？我们团队中曾有人做过一项研究（Hong，1998）并对此进行了概括，同时提供了档案展板的制作指南。

1. 教师的评论

教师的评论体现了教师对探究项目中儿童的活动意图有何看法，即清楚地指出儿童在活动中学到了什么和探索了什么概念。在撰写教师的评论时，你可以参阅COI思维解释表和COI探究激发方案设计表中你关于儿童思维和发展的理论，并从中选择与你要在档案展板中所呈现的事件情节有关的内容。教师的评论中应该包含探究项目的背景信息，即儿童的经验，以帮助读者理解学习发生的先后顺序，因为儿童的经验引发了探究循环中的课程规划。教师的评论中还应该包括你对档案展板中所呈现的每个事件重要性的详细分析，即解释性理论。

在重温每个阶段的学习过程时，你可以把萌生的问题与想法以及你所观察到的儿童言行记录下来。你可以与同事一起进行头脑风暴或使用数字工具（如词云、同义词库等），共同对你所描述的学习过程进行讨论。对学习过程进行回顾是为了更好地洞察儿童的学习，并对儿童的学习故事进程进行重构，这样就可以把过往的学习与当前的学习衔接起来。在回顾过程中，针对儿童的思维，你要开

放性地提出一些问题，以便促进儿童的下一步探究；同时，在讲述学习故事时，把这些问题放进去。探究是一个研究的过程，而研究通常会导致新问题的出现，新问题则代表了未来可能的探究方向。因此，在展板的结语部分，你可以把这些新问题放上去。

2. 儿童的照片

从 COI 观察记录表中选择一些可以展现儿童学习进程的照片。通常，你需要按照一定的顺序展现儿童学习过程的各个阶段，比如，用 3 张照片依次展现儿童画抓斗工作原理的过程，即绘画、修改、再次绘画，亦即早期阶段、中间阶段和最后阶段。这些聚焦于活动过程的照片序列，展现了儿童的参与度和思维。有时，把儿童的作品照片与教师对儿童作品背后意义的解释放在一起呈现，也有助于读者的理解。你要思考如何利用照片之间的关系和前后顺序来讲述故事。

在制作档案展板时，你还要想一想如何把探究激发方案放上去。以图片的形式呈现这些内容，并附上评论以解释你选择这些特定的材料和布置这一学习环境的理由。告诉读者，该方案是为了拓展、挑战儿童的思维，还是为了支持儿童对探究过程进行回顾。

3. 儿童的语言和行为

儿童的语言和对话是儿童的想法萌生的情境。对话中，儿童的思维彼此依附、彼此推动。比如，在表 4.4 中，三个儿童正在用可回收垃圾建造一个"垃圾焚化炉"，他们分享了自己的想法。缪斯说："我们要制作一个垃圾焚化炉，我想做一个抓斗。"雷纳托听后指着瓶子说："把这些运到火里去。"接着指着一个塑料容器，最终敲定道："这个可以用来做抓斗。它看起来就是这个样子的。"之后，他把瓶子放到传送带上。除了这段对话，教师还可以把备注栏中自己所做的评论——"缪斯能够回忆起垃圾被送到垃圾焚化炉焚烧的大概过程"——一起放到展板上，以表达对儿童互动的理解和认识。

你可以从 COI 观察记录表中摘录能反映儿童的某一理论或看法的对话，比如，某个物体是如何工作的。当然，你没有必要把儿童说的所有话都放在档案展板上，只选取那些能有效地讲述学习故事和能揭示参与者的复杂思维的对话即可。

编辑展板

问问你自己，读者能否一目了然地读懂你所讲述的学习故事。你可以邀请同事先读一读展板，看看你所讲述的学习故事是否存在一些漏洞。必要时编辑展板，将教师的评论、照片或对话等信息添加到展板上，使故事变得清晰。同事的反馈是完善档案展板必不可少的一个步骤。

垃圾焚化炉项目的大型档案展板

克里斯蒂娜和弗雷达为垃圾焚化炉项目制作了两块档案展板，在图 9.2 中，我们分享了其中一块。请花一些时间浏览一下这块展板，要注意图片与对话之间的关系，以及教师对儿童思维的解释和对学习过程的描述是如何与儿童的行为和语言联系起来的。使用大块展板的好处是，你可以把更多的信息放上去。

用儿童的话给展板起一个标题，以表示正在探索的内容。这种给展板起标题的方式，能够吸引家长走上前来更仔细地阅读展板，因为家长往往对从儿童口中说出来的学习过程很感兴趣。你可以看到，展板上的副标题提供了与儿童的学习过程有关的更多信息。副标题之后，是背景信息介绍。在每块展板上的这一部分，教师讨论了他们所观察到的游戏，并将其作为设计探究激发方案的依据。之后的描述性文本描述了儿童的行为。虽然它只引用了儿童的几句对话，但故事讲述得非常清晰。

虽然展板上的图片没有附带文字说明，但是每张图片都紧挨着相应的描述性文本排列，从而让读者可以看懂图片中的内容。展板上的儿童绘画作品包含了儿童说的话，这有助于读者理解儿童的思维。如果能把儿童的名字添加到画上，就更好了。

这块展板由三部分组成。第一部分是标题下面的背景信息，背景信息引出了第二部分内容——儿童的行为和语言描述，第三部分则是对下一步有可能往哪个方向进行探究的思考。展板上的照片既能在视觉上将展板划分为几个部分，又能呈现儿童的学习场景。

"我们要建造一个垃圾焚化炉！它会把垃圾烧掉"
——通过建构和绘画活动来表征垃圾焚化炉

从上学期开始，儿童就一直对建构活动很感兴趣。一天下午，他们一起用积木区内的所有积木搭建了一座城堡。突然，他们想把城堡变成一个垃圾焚化炉。我们班上的一名儿童之前对垃圾焚化炉有些了解，正是他激发了其他儿童的兴趣，促使其他儿童想要了解更多。

为了拓展儿童对垃圾焚化炉的认识，我们和儿童一起看了一段垃圾被送到垃圾焚化炉焚烧的视频。视频中呈现了垃圾焚化炉的各个组成部分及其功能。

缪斯说："这是抓斗，它可以把垃圾抓起来。操作时最难的部分是必须用操纵杆。"

在垃圾被倒入进料斗后，可回收的材料被分离出来。当垃圾通过传送带到达燃烧室时，哈桑解释道："它会着火。"垃圾燃烧的最终产物是灰和电。

建造一个垃圾焚化炉

那天，我们的探究活动之一就是用可回收材料建造垃圾焚化炉。儿童一起从大厨房里收集材料，把垃圾拿回来，开始进行建造。

"我们要制作一个垃圾焚化炉！"缪斯大声地说。

儿童把彼此连接在一起的塑料袋铺在地板上，并在上面放了些瓶子和罐子，模拟传送带传送垃圾。

缪斯说："好了，它在传送带的进料斗里了。把它放到火里烧过后，就会留下一堆灰。"

他们将这些材料从"垃圾焚化炉"的这一部分转移到那一部分，辗转不停。当它到达终点时，马修说："它变成光了！"

我们对儿童建造垃圾焚化炉的兴趣进行了扩展，邀请他们每个人都画一画垃圾焚化炉的组成部分和垃圾走过的路。在左边的图片中，雷纳托正在参照自己的绘画作品进行建构。他说："我做了一个抓斗，它从卡车上抓（垃圾）。"

下一步

为了更好地了解儿童对垃圾焚化炉的主要关注点，我们以小组的形式重新回顾最初看过的视频，并邀请儿童思考他们接下来想研究什么。所有的儿童都对抓斗特别感兴趣。他们想知道它的工作原理。因此，接下来，我们将和儿童一起研究这个问题。我们会探索手持式垃圾夹，并将其与垃圾焚化炉上的抓斗的工作原理联系起来。

图 9.2 垃圾焚化炉项目的大型档案展板

制作大型档案展板

有些教师使用幻灯片来制作大型档案展板，因为它在所有的计算机上都能被轻松地阅读。当然，你也可以选择其他的形式，但要确保你的阅读器和打印机兼容。

在使用幻灯片制作大型档案展板时，你可以在程序的"页面设置"部分编辑尺寸。先单击"文件"，再单击"页面设置"，你就可以对尺寸进行编辑。展板制作完毕后，你可以将其保存为 PDF 格式，因为这一格式既能够被广泛读取，同时当你与家长、同事和社区中的工作人员进行分享时，它又不容易被编辑篡改。之后，你可能需要一个比桌面打印机更大的打印机来打印展板。

也许你的学校里没有大尺寸的打印机。这时，你可以使用 A4 大小的电子文档创建一份由一系列页面组成的电子档案展板。然后，通过电子邮件或安全可靠的在线账户，将这些相对小一些的电子档案展板分享给家长。你也可以把它们打印出来，将其中的照片和文字内容剪切、粘贴到海报板上，从而制作一份尺寸更大的展板。

从 COI 表上提取制作展板所需的信息

从图 9.2 中可以看到，克里斯蒂娜和弗雷达能够轻松地回顾 COI 表，并从中提取有用的信息来制作档案展板。展板中，儿童说的话和他们的照片可以追溯到第一次探究循环。展板中的描述性文本和教师的评论，是教师在重温了每次探究循环中的思维解释表和反思性评价表后形成的。此外，展板中还包括 COI 观察记录表上附带的照片。

白纸畅想项目的小型档案展板

本节，我们将向你展示幼儿教师黛比利用幻灯片制作的一块小型档案展板。在这里，我们只呈现其众多幻灯片中的一页（见图 9.3）。在这块展板中，黛比分享了她使用探究激发方案的经历，该探究激发方案的设计灵感来自她参与的一次培训活动——通过探索材料来促进教师的专业发展。

阿普丽尔用纸玩想象性游戏

蓝色文字是黛比说的话；红色文字是阿普丽尔说的话

餐垫上面是什么？你的早餐！（她把收集到的所有纸都放在餐垫上）*这是叉子和调羹。*（阿普丽尔把两张卷纸递给我）*现在，我们正在吃什么？面包。我们吃面包需要用叉子吗？*（我假装用叉子叉起面包，她也这样做了）*是！我们需要吗？这个面包是你做的吗？味道真不错！我一直在吃面包。你喜欢吃哪种面包？*（她起身去拿更多的纸）*还要纸吗？还要面包！我们可以边吃面包边喝汤。*（她假装从纸巾盒里拿出纸，在我们的餐垫上放上更多假想的面包）*这是给你的面包，这是给我自己的面包！*（她又返回到放纸的地方，把刚才的行为重复了一遍。她拿起一张看起来像扇子的纸）*那块面包看上去不错，有点像法国吐司条。你还要面包吗？是的！谢谢你！我将把它放在我的盘子里。这是你的餐垫。哦，这是我的餐垫吗？我去帮你拿一块。好吃！好吃！这个面包闻起来真香啊！*

图9.3　白纸畅想项目的部分档案展板

在一次面向幼儿教师的生成性课程培训项目中，黛比参加了一个材料探索活动。她的任务是回应项目给出的提示——"白纸畅想"，也就是使用各种尺寸、厚度和纹理的白纸，以及一把刷子、少量胶水、线和剪刀进行探索（Broderick & Hong，2005）。根据要求，她必须用照相机记录自己的整个思考过程，然后重新审视这些照片，并详细地阐述在探索的每个阶段她的思维所经历的变化。在这一过程中，黛比学着从以前倾向于主题项目，转向只研究自己使用材料（白纸）的经验。她尝试了一种对自己而言全新且有挑战性的探索过程：先通过绘画进行再表征，然后用纸进行雕塑。她把她的纸雕作品作为探究激发物放在3—4岁儿童的教室里。

把从专业发展中获得的经验运用到儿童教育工作中，可以发挥出巨大的力量。黛比非常有勇气以新的方式向儿童介绍材料，并根据自己在使用同样的材料时所产生的灵感与问题对儿童进行提问。黛比还很好奇，她能否将自己在探索材料的过程中所获得的开放性态度转移到对儿童学习过程的促进上。尽管黛比在游戏中已经学会放慢脚步，但她还想知道自己能否在规划课程和促进儿童游戏时不按照自己预先的期待进行。她允许自己不确定课程的走向（Chaille，2008），支持儿童在与材料互动时按照自己的想法玩。

黛比的课程档案体现了她与儿童互动的本质，捕捉了她提出的问题和她对儿童游戏的解释，即她的评论。她是这样向儿童介绍激发物的：

> **介绍激发物**。在把激发物展示给儿童之前，教师先召开一次关于激发物的小组会议，讲述自己玩纸的经历，以激励儿童自由地探索。不过，早在教师把材料投放到美术区之前，儿童就已经被这些材料和它们的外观吸引了。因此，他们很兴奋地与各种材料互动。

纵观她的整个档案展板，照片、描述性文本以及儿童和儿童之间、教师和儿童之间的对话都体现了儿童的思维与学习。在对纸进行探索的过程中，黛比非常关注儿童思维的微妙之处。比如，黛比将儿童"移动纸张"的行为解释为儿童在探索对称性。

> 进入第四周，激发物仍然保持不变。因为不断地有儿童第一次进入美术区探索纸，所以教师没有添加新的材料。令教师印象深刻的是，每个儿童都在桌边停留了很长时间，他们互相交谈着，摆弄着纸张。

黛比注意到，在为儿童提供激发物的那几周里，有一些男孩将白纸应用到他们的假装游戏中。

> 最后，这群儿童行动起来，实施他们关于鱼竿和剑的想法。他们把纸带到积木区，在那里他们变成了幽灵船（代表万圣节）上的渔民（幽灵）。

展板最后，黛比罗列了两份清单：一份清单表明她从儿童身上了解到探索纸的多种方式，另一份清单表明通过不同的线索去拓展儿童的探究，比如语言和读写能力、纸的操作、纸的声音等。

在本次探索过程中，黛比能够放慢脚步，多观察，少说话。她可以轻松地只把"儿童操作纸"当作大概念，而不对最终的作品抱任何期望。

儿童对于纸能用来做什么很感兴趣。他们发现，纸可以：让他们变高（把纸举过头顶），让他们的手臂变长（手里拿着纸张开两臂），做成工具，变成各种形状，变成一本书，制造噪声，制作音乐，当作食物（早餐食物场景），用作发饰（蝴蝶结），用于感受差异（不同类型的纸），发出声音，变成一件艺术品（哈利的对称性），改变尺寸（缠绕、卷、折叠等），以及帮助你发挥想象力等。

黛比幼儿园里的小型档案展板

在黛比所在的幼儿园里，教师们用幻灯片或文档来制作档案展板，这样整个展板就是一系列幻灯片或页面。这一方式便于教师将展板保存为 PDF 格式，并通过电子邮件发送给家长。教师也可以把 PDF 发布在幼儿园的网站上，供家长、同事和管理员下载。

在教室里，黛比和同事们以富有创意的方式把她们制作的小型展板张贴出来。她们把幻灯片都打印出来，并把每一张幻灯片都插到 A4 尺寸的塑料套中，然后以线性方式张贴在教室的墙面上。有时，需要用两排或者多排幻灯片才能把整个展板都呈现出来。有些教师也会把塑料套固定在每个学习区的墙上，这样当他们呈现新的学习内容时，只需要把原来的展板替换掉。教师可以将这些旧展板（打印出来的幻灯片）插入活页夹中，作为整个项目的课程档案。这些活页夹作为历史资料，能够经常被儿童和教师重温，以查阅之前的探究过程并发现新旧探究之间的关系。教师还可以将这些活页夹跟家长分享，甚至在未来跟儿童分享。

进一步反思与探究

通过使用 COI 系统，你会认识到制作档案展板不只是将儿童的作品挂在教室的墙上。它是一个深刻反思的过程，能够促使你更好地理解你的教学，并加深你对班上儿童发展水平的认识。重新审视 COI 观察和规划过程中所做的课程档案，有助于你将所有的素材综合起来，并从中选择重要的内容来讲述儿童和教师的学习故事。档案展板也是一个帮助你与家长、社区成员建立关系的重要工具。档案展板向家长介绍了儿童在教室里的生活和学习，这也会潜在地激励他们以支持儿童发展的方式参与探究。另外，档案展板还向早期教育同行展示了一种最佳的教育实践。

为了更深入地思考如何在自己的教室里使用档案展板,你不妨试试如下建议。

- 回想一下,你以前在班级里分享过的课程档案展板。
- 想一想,你的展板中是否包含教师的评论。
- 如果没有,你是否可以添加一些评论,以便更好地讲述这些照片和儿童作品背后的故事?
- 讨论一下这一做法如何改变了儿童学习的展示效果。
- 与搭班教师或幼儿园领导一起讨论,展示儿童的工作与通过展板展示儿童的学习这两者之间有何差别。
- 当你收集了有关一次或多次探究循环的观察记录和课程规划档案时,请与同事合作制作一期档案展板。
- 邀请家长来你的班级访问,并请他们针对档案展板给出反馈。
- 与家长一起讨论档案展板中所呈现的学习活动。

结　语
让探究循环继续下去

　　恭喜你！在生成性探究之旅中，你已经取得了长足的进步！你学习使用 COI 流程，并在 COI 表上记录自己的观察、思考和计划。未来，在继续开发生成性探究课程时，请把本书放在手边，以备不时之需。你将会重新认识本书中所阐述的许多方法和策略，比如为促进儿童的生成性探究而布置班级环境和组建核心探究小组（第 1 章）；召开聚焦式班级会议，以扩展和支持长期的生成性探究课程（第 2 章）；有目的地基于观察而对课程进行一系列的规划（第 4—7 章）。

　　你的旅程刚刚开启。由 COI 反思性评价表（第 8 章）记录的反思过程，将引导你根据探究激发方案的实施情况而开始一轮新的循环。在一个长期的生成性探究项目中，每次循环都将引发新的解释与问题，而这些解释与问题又是下一个探究活动的基础。这是一个连贯的过程，将思维从一个循环连接到下一个循环。每一个新的循环都将支持儿童以更深入、更复杂的方式进行思考和探索。

　　此外，每次循环都会揭示一些问题与想法，而这些问题与想法可以被分化为一条条探究线索。围绕这些探究线索，你可以为不同的核心小组设计不同的激发方案。在开发探究线索时，你要确保用"大概念"将它们紧密地编织到一起。

　　记住，在实施生成性探究课程时，你要参照所在州的早期学习标准，并将其作为检核表对课程的设计和实施过程进行反思。正如本书所述，当你围绕儿童的思维去设计课程时，你将会发现生成性探究课程达成了多条学习标准，这是因为一个长期的生成性探究项目的焦点把学习标准所涉及的领域内容都整合起来了。在长期的生成性探究过程中，通过追随多条探究线索，儿童的理解和认识更深入了。

　　当一个长期的生成性探究项目结束后，你可能需要制作不止一块档案展板（第 9 章），每块展板用于展示儿童为期 2~4 周的学习过程。把儿童正在进行的学习整合到一起，这是一个既有所回报又能再次赋予你能量和热情的过程。作为教师，COI 实践活动将持续地让你感受到与儿童共同学习的快乐！

附 录

这里,我们向你提供了本书所介绍的 COI 表格和 COI 检核表,以便你可以在生成性探究课程中记录你的观察、计划和反思性评价。

附录1　COI 观察记录表与 COI 观察记录检核表

COI 观察记录表

标签： 观察者：		日期：
区域： 参与者： 环境布置：		
通过记录儿童的动作和语言，我们将讨论的重点放在有关儿童思维的证据上，并使有关儿童思维的讨论去私人化（瑞吉欧研究小组）。		
姓名： 区分教师与儿童的名字	描述： 动作——（放在括号中） 语言——不放在括号中	备注： 就儿童的行为和语言的意义进行提问。比如：为什么他们这样做/说？他们知道些什么？

（COI 观察记录表续）

通过记录儿童的动作和语言，我们将讨论的重点放在有关儿童思维的证据上，并使有关儿童思维的讨论去私人化（瑞吉欧研究小组）。

如果使用视频，请在"姓名"这一栏注明该段视频的起止时间。

姓名： 区分教师与儿童的名字	描述： 动作——（放在括号中） 语言——不放在括号中	备注： 就儿童的行为和语言的意义进行提问。比如：为什么他们这样做/说？他们知道些什么？

（COI 观察记录表续）

通过记录儿童的动作和语言，我们将讨论的重点放在有关儿童思维的证据上，并使有关儿童思维的讨论去私人化（瑞吉欧研究小组）。

如果使用视频，请在"姓名"这一栏注明该段视频的起止时间。

姓名： 区分教师与儿童的名字	照片： 将捕捉了儿童游戏过程的照片插到这里。思考儿童是如何看待游戏过程的、儿童的思维过程以及儿童使用材料的技巧。	备注： 就儿童行为和语言的意义进行提问。比如：为什么他们这样做/说？他们知道些什么？

COI 观察记录检核表

快速浏览一下 COI 观察记录表，为建构生成性探究课程而培养以下技能。

资料的数量和性质（照片和文字或视频）
- ☐ 你所记录的细节足以解释这个游戏片段吗？
- ☐ 你记录了相关联的事件来描述一个有意义的游戏片段吗？
- ☐ 即使儿童从一个地方转移至另一个地方，你也对相关事件进行追踪观察吗？
- ☐ 你有没有在观察记录表中附上照片或视频片段？
  - > 儿童的角度
  - > 儿童的思维过程
  - > 儿童使用材料的策略或技巧
  - > 儿童的情绪情感（如果有必要）

资料的准确性和易用性
- ☐ 你把对话和动作区分开了吗？
- ☐ 你把教师和儿童区分开了吗？
- ☐ 你有没有发明记录复杂行为或作品的方法？
- ☐ 你是否将观察到的重要过程和作品清晰地描述出来？

关注儿童和你自己的思考（分析备注栏）
- ☐ 你把推测或思考从观察记录中分离出来了吗？
- ☐ 你把儿童的行为与他们可能的目标或理论联系起来了吗？
- ☐ 你考虑过与前面的游戏情节链接吗？
- ☐ 你把自己的问题当成规划课程的点子，以拓展儿童的思维吗？

附录2　COI思维解释表与COI思维解释检核表

COI思维解释表

标签：	日期：
解释者：	

推测儿童正在做什么和想什么
　　请记住，在下面的方框中，你要寻找正在出现的、最有可能推动游戏朝着儿童探究的方向发展的线索。你正在为解释你的所见所闻描述一个情境。

　　尽可能用**描述性语言**告诉读者，你认为这是一个什么样的游戏。随心所欲地写。在描述时，可使用诸如"我认为，他们之所以做 x，是因为 y"之类的语句进行**推测**。

　　读一读上面那段话。想象你就是你笔下的那个孩子或那些孩子，然后把你的想法写下来（我们请你完成这项任务，是为了帮助你更深入地挖掘儿童的视角）。

COI 思维解释检核表

快速浏览一下思维解释表,为建构生成性探究课程而培养以下技能。

关注儿童的知识与思维
- ☐ 你描述了儿童游戏中重要的或者有意义的事件吗?
- ☐ 你把自己为什么觉得这个事件有意义写下来了吗?
- ☐ 你把该事件解释为儿童思维的标志而不仅仅是他们的兴趣或需求吗?
- ☐ 你推测了儿童行为背后的目的吗?
- ☐ 你推测了儿童行为所反映的知识或理论吗?

关注不同儿童的视角
- ☐ 你是从儿童的角度看待这些事件,并想知道他们是如何经历这些事件的吗?
- ☐ 当儿童对事物持不同的看法时,你有没有对该意外事件进行描述并提出疑问?

关注游戏中的学习机会
- ☐ 你是否展望过如何将自己的想法应用于课程规划?
- ☐ 对于游戏中所蕴含的拓展儿童发展、知识或理解的机会,你是否清晰地阐述了你的各种假设?
- ☐ 你是否描述了游戏中促使你产生思考的所见所闻?
- ☐ 对于你和儿童是否正在追随不同的探究线索,你进行了回顾和展望吗?

附录 3　COI 课程行动计划表与 COI 课程行动计划检核表

COI 课程行动计划表

| 标签：　　　　　　　　　　　　　　　　　　　　　　　　日期： |
| 解释者： |

探索你想跟儿童一起研究的事情

这要求你进行发散式思考，既要有创意，又要以对儿童游戏的观察和推测为依据。回顾你对儿童游戏的解释，尝试运用不同的方式向儿童发出挑战、引导或提问儿童，将儿童的游戏扩展至他们正在研究的领域。这些挑战、引导或问题将变成你与儿童共同开发生成性课程的线索。

左列　行动问题：你想要研究儿童的哪些想法？你认为，儿童想要了解什么？从这些问题出发去开发课程。 在下面写上至少 3 个问题作为开发课程的线索。你不是在打造一份课程开展的序列。每个问题仅代表接下来你可能与儿童一起进行的一段课程之旅。	右列　激发儿童的策略：你可以通过激发儿童思考来引导课程。提供机会和活动，让儿童深度参与其中，挖掘他们的潜力并帮助他们建立掌控感。 围绕左列中的每个行动问题，将用于引导儿童下一个游戏环节的材料、有效提问或指导语列出来。同时，将有助于儿童试验和扩展理论的各种材料，以及一些有效提问或指导语列出来。
1	
2	
3	

确定大概念。在开始制订计划之前，先想一想你正在与儿童一起研究的问题是什么，可以参照早期学习标准。作为知识渊博的一方，你看到了一幅更大的图景吗？把它写在这里。

COI 课程行动计划检核表

快速浏览一下 COI 课程行动计划表，为建构生成性探究课程而培养以下技能。

左列：探索的假设与问题

☐ 你的行动问题是在探寻对儿童有更多的了解吗？比如，儿童可能想知道的事物、儿童的理论、儿童思维的局限性，等等。
☐ 你的行动问题会引导儿童探寻自己的问题和理论吗？
☐ 你的行动问题是否将当前的游戏与儿童以前的游戏联系起来？
☐ 你的行动问题是否有助于儿童对以前的经验与学习进行回顾和再表征？
☐ 你的行动问题是否促使儿童与同伴、教师合作，从而形成一个学习共同体？
☐ 你是否在某个小组中发现了一条可以与全班儿童共同探究的线索？
☐ 你的行动问题有没有联系起来，从多个方面去探索一个大概念？

右列：激发儿童探究的策略

☐ 你提出的激发儿童探究的方案都聚焦于为每个行动问题设计提问吗？
☐ 你有没有通过引入新材料或更换材料来增加儿童的探索机会，以便他们可以看见自己的思维，更好地理解自己的想法，获得新的视角，或者了解材料的特性？
☐ 你是否设计了一些指导语来引发儿童之间的对话，从而进一步探索他们在玩新游戏过程中的思维？
☐ 你是否设计了引导性问题来促进儿童之间的对话，以进一步探索他们的思维，或让他们在玩新游戏过程中提出自己的问题？

附录 4　COI 探究激发方案设计表与 COI 探究激发方案检核表

COI 探究激发方案设计表

标签：　　　　　　　　　　　　　　　　　　**日期：**
设计者：

把你的想法纳入计划
　　这里需要你进行聚合式思考。利用你思考儿童游戏时产生的想法，制订一份干预计划。尽可能提供足够详细的信息，以便其他人可以实施你的干预计划。
区域：
参与者：
日期和时间：

行动问题：让你的目的清晰。

　　重新审视你的行动问题，你正在致力于哪个问题或哪些问题？你是否已经看到游戏中出现了一条清晰的线索？

基于对儿童思维的观察与推测

理由	证据
回顾观察记录、备注和你对儿童思维的解释。书面阐述你为什么要选择这个行动问题与儿童一起探索。	重新翻阅观察记录表，把那些有助于你形成问题的动作和语言复制下来。

大概念
　　确定大概念。在开始制订计划之前，花一分钟时间思考一下你正在和儿童探索的行动问题。
　　你看到一幅更大的图景了吗？你所识别出的探究线索在各个探究循环间是如何保持一致的？如果你发现它们以某种方式联系在一起，这说明你可能已经确定了一个大概念。把你的想法写在这里。

(COI 探究激发方案设计表续)

设计激发方案：它要与师幼正在探索的问题相匹配。		
材料：根据可供性和能否激发儿童建构理论来选择材料。	**环境布置**：设计游戏环境，使之成为"第三位教师"邀请儿童来探索。描述你将如何布置环境，以便让材料引导这个游戏，这样儿童在"阅读"环境后就知道该做什么了。我们的目标是"儿童多做，教师少做"。	**问题**：提前设计一些有效的提问，以便在儿童游戏时与他们互动。

概述你的流程：使用 1、2、3 等数字给每个步骤编号。

你会如何向儿童介绍你的激发方案？你会先组织一个聚焦式的核心小组讨论会，或者召开一个聚焦式的班级会议，然后邀请儿童探索某个区域的材料，鼓励他们用材料表征自己的想法，并与儿童展开对话吗？这些只是你使用的众多策略的一部分。想一想你将要做的事情，包括**你将如何记录游戏**，以便对所发生的事情进行评价，并据此制订计划。把你的步骤写下来，这样其他教师就可以合理地遵照它们开展工作。

COI 探究激发方案检核表

> 快速浏览一下 COI 探究激发方案设计表，为建构生成性探究课程而培养以下技能。

将行动问题与儿童思维的证据匹配起来
- ☐ 你是通过回顾和重构课程行动计划表中的行动问题来设计行动问题吗？
- ☐ 你从 COI 观察记录表中发现与行动问题直接有关的证据了吗？
- ☐ 你有充分的理由说明，你将自己对行动问题的思考、推理与儿童的思维联系起来了吗？
- ☐ 你用大概念将本次激发方案与前后激发方案联系起来了吗？（你在这里提出的大概念可能是对课程行动计划表中的大概念之澄清或重构。）

设计激发方案：材料、环境布置以及有效提问和指导语
- ☐ 你所提供的材料能否让儿童进行更多的探索，从而使儿童的思维清晰可见，同时促进他们更好地理解自己的想法，获得新的视角，或了解材料的特性？
- ☐ 你所设计的材料摆放方式能否邀请并指导儿童游戏，以便"儿童多做，教师少做"？
- ☐ 儿童能否读懂你的材料布置意图，从而使用材料探索行动问题？
- ☐ 你所设计的问题或指导语能否引导儿童探寻自己的问题和理论？

流程
- ☐ 你是否规划了一个完整的流程？
   - › 你想过如何让儿童为这次活动做好准备吗？
   - › 你想过如何把包括材料、问题、对话、示范、清单、图表在内的激发方案介绍给儿童吗？
   - › 你想过如何与儿童结束这一部分吗？
- ☐ 你描述了将如何记录儿童的游戏吗？

附录 5　COI 反思性评价表与 COI 反思性评价检核表

COI 反思性评价表

重温本次活动并从学习经验的角度进行评估

生成性课程为儿童提供了学习经验，让他们有机会发展自己的能力、理论以及对知识、环境和技能的掌控感。

反思本次活动并评价其对儿童和教师的价值。

区域：

参与者：

日期和时间：

儿童的反应： 你有证据证明儿童很投入吗？思考儿童的活动经历，描述一下他们的目标以及他们为实现目标而采取的策略。儿童之间有合作吗？他们体验到协作了吗？

学习： 你有证据证明儿童在学习吗？

本次活动符合你的意图吗？ 想一想你的活动经历，以及这个活动与你在 COI 探究激发方案设计表中所罗列的理由是否一致。请具体阐述。

(COI 反思性评价表续)

关于促进儿童的游戏,你学到了什么? 思考材料、环境布置方式,以及你的问题或指导语对儿童的影响。

下一步做什么? 你将如何在当前的基础上继续促进儿童的学习?你将如何为不同的学习者提供差异化的支持?

标准检核表: 本次活动达成了哪些课程标准?

课程档案: 你为本次活动所选择的档案记录形式是否有效?还有哪些方法有助于你更好地进行记录?把它们写下来。必要时,制订一份计划以提高自己的档案记录技能。

COI 反思性评价检核表

快速浏览一下 COI 反思性评价表，为建构生成性探究课程而培养以下技能。

评价学习
☐ 你在描述儿童的反应时是否提供了足够的细节，以便读者能够看到儿童在特定的学习情境中所使用的策略与思维？
☐ 你对儿童的活动经历描述得是否足够详细，以便读者能够从你的角度清楚地看到并理解这些事件？
☐ 当你宣称学习已经发生时，你是否从所观察到的、能够促使儿童进行知识建构的活动中挑选一些案例予以佐证？
☐ 你所记录的学习与 COI 探究激发方案中的行动问题是否有关？
☐ 你是否将与本次活动有关的所有学习标准都列了出来？
☐ 你所陈述的每条学习标准是否表明，它是如何与本次游戏活动带来的学习结果联系起来的？

评价计划实施情况和档案记录情况
☐ 你是否详细地描述了本次活动是否如你所期待的那样开展，以便读者能够从你的角度清晰地看到并理解这些事件？
☐ 你是否描述了这些材料和环境如何影响儿童的思维与学习？
☐ 你是否描述了你所采取的促进策略取得了成功还是尚需改进？

计划下一步课程
☐ 你是否对儿童当前的目标和想法进行了反思，并详细地描述了儿童下一步最可行的学习活动？

参考文献 *

Baker, M., & G.S. Davila. 2018. "Inquiry Is Play: Playful Participatory Research (Voices)." *Young Children* 73 (5).

Bodrova, E., & D.J. Leong. 2007. *Tools of the Mind: The Vygotskyan Approach to Early Childhood Education*. 2nd. ed. Upper Saddle River, NJ: Pearson Education/Merrill.

Boehm, A.E., & R.A. Weinberg. 1996. *The Classroom Observer: Developing Observation Skills in Early Childhood Settings*. 3rd ed. New York: Teachers College Press.

Broderick, J.T., & S.B. Hong. 2005. "Inquiry in Early Childhood Teacher Education: Reflections on Practice." *The Constructivist* 16 (1): 1–30.

Broderick, J.T., & S.B. Hong. 2011. "Introducing the Cycle of Inquiry System: A Reflective Inquiry Practice for Early Childhood Teacher Development." *Early Childhood Research and Practice* 13 (2).

Bronfenbrenner, U., & S.J. Ceci. 1994. "Nature-Nurture Reconceptualized in Developmental Perspective: A Bioecological Model." *Psychological Review* 101 (4): 568–586.

Brooks, J.G. 2011. *Big Science for Growing Minds: Constructivist Classrooms for Young Thinkers*. New York: Teachers College Press.

Carter, M.. 2018. "The Thinking Lens: Making Thinking Visible." In *From Teaching to Thinking: A Pedagogy for Reimagining Our Work*, A. Pelo & M. Carter, 258–279. Lincoln, NE: Exchange Press.

---

* 为了环保，也为了节省您的购书开支，本书参考文献不在此一一列出。如果您需要完整的参考文献，请通过电子邮箱 1012305542@qq.com 联系下载，或者登录 www.wqedu.com 下载。您在下载中遇到问题，可拨打 010-65181109 咨询。